ミドル世代の危機を乗り越える!

45歳からやり直す最高の人生

川北義則

祥伝社黄金文庫

はじめに

「どこか遠くへ行って、もう一度、人生をやり直したい」

ふと、こんな想いを抱いたことはないだろうか。

四〇歳を過ぎたころから、仕事であれ私生活であれ、何かのきっかけで挫折《ざせつ》し、「もうイヤだ」と、何もかも投げ出したくなる。あるいはやることなすことマンネリに陥《おちい》って、何をやっても面白くないなど、心が折れてしまいそうになったことはないだろうか。

そこで、本当にポッキリ折れてしまっては、おしまいだ。

順調にいっているときはいいが、一生懸命に働いても認めてもらえなかったり、人間関係で職場がイヤになったりするなど、ビジネスマンとしての仕事の虚《むな》しさに、ときどき襲われることもあるだろう。若いときの大きな夢は、厳しい現実の前に萎《しぼ》んでしまう。

またプライベートでは、若いころに抱いていた妻や恋人への熱い思いも冷め、惰性で過ごす日々かもしれない。子どもも自分から離れるため、自己の存在感も薄れ、場合によっては家族に邪魔者扱いされる始末。収入の低下、あてにならない年金など、将来の経済的不安も増すばかりだ。

人生半《なか》ばで、自分が歩んできた道を振り返ったとき、いままで積み上げてきたものがあまりに小さいことに愕然《がくぜん》としてしまったりする。

そして、これからの人生に前向きに挑むバイタリティは影をひそめ、後悔、無気力、焦りが自分を支配するようになっていることに気がつく――。

これが、四〇代がとくに陥りやすい危機、欧米では「ミッドライフ・クライシス（人生半ばの危機）」といわれている。自分の人生や存在を虚しいと感じてしまう「ミッドライフ（四〇代から五〇代）」の症状である。

「ミッドライフ・クライシス」という言葉は、もともと心理学用語であり、カール・ユング（スイスの精神科医）の分析に見ることができる。欧米ではポピュラーな言葉で、日本の先を行くアメリカでは、その深刻度もかなりのものだという。「ミッドライフ・クライシス」は、また「ミドルエイジ・クライシス」とも呼ばれている。「ミドルエイジ」は中年男性のこと。かつては「ナイスミドル」などともてはやされ、仕事の面でも私生活の面でも、油の乗り切った世代の代名詞だったが、いまは悩み多きミドルエイジが少なくない。

中年とは、三〇代から六〇代と幅広い世代にも用いられるが、主役となるのはやはり四〇代だろう。英語では「フォーティーズ・クライシス」ともいう。

以前、NHKが「ミドルエイジクライシス～30代ひずみ世代の今～」という番組を放映して、大きな反響を呼んだが、いまやアラフォー世代もクライシスの仲間入りということか。

中年というミドルエイジを迎えて体力の衰えを自覚し、メンタル面が弱るということもあるだろう。だが、それは「ミドルエイジ・クライシス」の入り口にすぎない。

長寿社会で人生八〇年、九〇年といわれる日本では、ミドル世代が生きてゆく先はまだまだ長い。ユングは人間の中年期を、折り返し地点という意味で「人生の正午」

と呼んだが、午後の時間はまだたっぷりある。

こんな「ミドルエイジ・クライシス」を乗り越えるためには、これまでの人生を支えてきた価値観を見直すことが、もっとも重要ではないかと思う。

なかでも仕事に対する考え方だ。本当に「出世第一」「仕事一筋」でいいのか。それが実現できなければダメ人間なのか、ということである。

たとえ出世レースに敗れはしても、好きな仕事ができる、部下に尊敬される、あるいは仕事以外に、死ぬまで情熱を傾けられる趣味やライフワークを持つ、社会貢献活動をする、家族と幸せに暮らす……など、前向きで新しい、自分なりの価値観を見つければいい。

いままで、他人の評価ばかりを気にして、他人の基準に沿って生きてこなかったか、ここで問い直してみるべきだろう。

本書では、「人生、これでいいのか」「なぜ、自分だけこんな目に……」と悩んでいる人たちが、解決の糸口を見つけられればと、私なりのヒントを書いてみた。

本書を執筆するにあたって、現役のミドル世代の多くの方々から、貴重なお話をうかがった。この場をお借りして御礼申しあげたい。
また、今回の文庫化にあたり、祥伝社『黄金文庫』編集部編集長の吉田浩行氏に大変お世話になった。あわせて御礼申しあげる。

二〇一三年二月

川北義則

ミドル世代の危機を乗り越える！

45歳からやり直す最高の人生

目次

第2章 自分で「心を折って」いないか 67
――危機を呼び込んだのは、あなた自身かもしれない

第3章　失われた時間は取り戻せる
――ミドルエイジ・クライシスをいかに乗り越えるか　123

装幀・カバー写真／ビー・シー

第1章

危機はどこから生まれてくるのか

——男たちを襲う「挫折」の正体

「もしも、別の人生を……」は考えるな

人生には、いくつかの分岐点がある。

自らの人生を振り返って、あのとき違う選択をしていたらとか、もう一度あのときに戻れたらとは誰しも考えることだ。仕事や私生活への不満や不安がうつうつと湧《わ》いてくる四〇代では、いっそうその思いが強くなる。

これが「ミッドエイジ・クライシス」――人生半《なか》ばの危機、つまりミドル世代の危機である。

「あのとき、違う大学へ進学していたら」「内定をもらったもう一つの会社に就職していたら」「別の女性と結婚していたら」……その先にどんな未来が待っていたのだろうと想像してしまう。その残像が素晴らしいものであればあるほど、自分は間違った選択をしたのではないかという後悔に襲われる。

歌舞伎役者の市川海老蔵《いちかわえびぞう》さんは、かつて暴行事件で謹慎処分を受けた。あの事件当日の自分に声をかけるとしたら「今日は出かけるのは、やめなさい」だったと答えていた。実感のこもった言葉である。過去に戻れるなら、そのときの自分自身に声をかけたい場面は誰にでもあるだろう。

だが、そのとき違う選択をしていたら、本当に別の未来が訪れたのだろうか。

違う大学へ進んだとしても、どのような大学生活を送るかは自分次第である。

別の会社に就職していたら、いまよりも素晴らしい実績を残せたのか、やり甲斐のある仕事に恵まれたのか。確実にそうだとはいえないはずだ。

妻とは別の女性と結婚したとして、はたして何の不満もない結婚生活が送れたのだろうか。どのような家庭を築いていくか、そこにはあなた自身もかかわってきたのである。

もう一つ別の選択によってあなたが描く人生は、しょせん「そうだったら」「そうであれば」の「たら、れば」にすぎない。あのときの選択が人生を決定づけたように思えても、その先の道を切り開いていくのは自分自身。ただ歩いていけば、薔薇《ばら》色の未来が待っているわけではないのだ。

「人は、青春のあやまちを老年に持ち込んではならない。老年には老年自身の欠点があるのだから」

ゲーテは、こんな言葉を残している。

ミドルエイジ・クライシスに直面している人にとって、青春時代は自分がもっとも輝いていたと感じるだろう。あのころに戻れたらという感傷に浸《ひた》るのはいい。だが、それに固執していては先に進めない。

過去のことは過去のこととして、これからどう生きていくかに心血を注いだほうが、人生にとって有意義であることは間違いない。

いまの暮らしに満足していないのなら、自分の人生には何が足りないのかよく考えてみてはどうか。そのためには、自分を客観的に見つめ直してみる必要がある。

サッカーの日本代表として長く活躍した中村俊輔《なかむらしゅんすけ》選手。彼は、『察知力』（幻冬舎）という本のなかで、「サッカーノート」をつけていたことを公開している。試合ごとに課題や気づいたことをメモし、新たに見えた課題やそれを克服するために、練習でどう取り組むかも記録していたという。

「足りないものがわかれば、それを埋めることを考えればいい。何もわからないより、よっぽど素晴らしい」

これが、中村選手を一流選手へと成長させてきた秘訣《ひけつ》なのだろう。

自分の人生に不満を覚え、何かが足りないと感じたら、過去のあのときの選択を間違ったと悔いているよりも、いまの自分に足りないものは何かと考えて、前進するほうが建設的ではないか。

失敗した、間違っていたと考えることは誰にでもできる。だが、そこで足踏みをしていても物事は解決しない。その原因を冷静に検証しなければならないのである。

ミドルエイジ・クライシスを突破するために必要なのは、その前向きな姿勢なのである。

自分の存在を虚しく感じるとき

四〇代が感じる虚しさの正体、それは若さとの決別だ。

青春時代、人生はあらゆる可能性に満ちていた。だが、人生の半ばを過ぎて、ふと現実の自分に目を向けたとき、その可能性の大半がすでに指の隙間《すきま》からこぼれ落ちていたことに気づいてしまう。

まだまだ青春時代の延長だと思っていたのに、いつの間にか人生のピークは過ぎ去っていた。

「自分はこれまでに何をやってきたのか？」

「自分の存在はこんなものなのか？」

そんな問いを投げかけてみても、誇れるものが見つからない。これから先、待っているのは人生の下り坂。自分の人生にはもう可能性もなければ、成長も発展もない。

もっと違うものになるはずだったのに、そうなれないまま時間切れとなってしまうのか――。

自分の人生とはいったい何だったのか、すべてが無意味で価値がないようにすら思えてくる。

だが、考えてみてほしい。人間、年をとるのはごく当たり前のことなのだ。生まれた瞬間から刻々と時は過ぎていき、それは死を迎える最期の瞬間まで続いていく。人生の前半であれ後半であれ、時が過ぎていくことに変わりはない。

それなのに、ふとした瞬間に若さを失ってしまったことに愕然とするのは、老いに向かうのが間違ったこと、否定すべきことだと感じているからではないだろうか。

映画でも話題になった『レ・ミゼラブル』を書いたフランスの作家ヴィクトル・ユーゴーは、人生における四〇代、五〇代についてこういっている。

「四〇歳は青年の老年期であり、五〇歳は老年の青春期である」

人生後半は下り坂だと誰が決めたのだろう。青春時代の上り下りが終わって、新たな上り坂が始まると考えればいい。たしかに、年を重ねることで失われるものもあるが、大人としてさらに成長し、加わっていくものもあるはずだ。

若さから老いへという変化は誰にも訪れることであり、止めようとしても止められない。ならば、年を重ねていく自分、老いていく自分を許容して受け入れる。同時に、現在の自分自身も受け入れて肯定することだ。

これまでの人生を振り返ってみれば、何も目覚ましい成果がないように思えるかもしれない。だが、それもまた多くの人に共通することなのである。自分だけではないのだ。

「めったに起きないような大きな幸運で、人間が幸せになることはほとんどない。幸せは日々の小さな前進が運んできてくれるのである」

アメリカの政治家であり科学者でもある、ベンジャミン・フランクリンの言葉だ。アメリカの一〇〇ドル札には彼の肖像が描かれている。

これからも浮き沈みはあるだろう。だが、ここまでの人生を生きてきたのである。ここに至るまでに小さな幸せや幸運はいくつもあったはずだ。

もっと勉強しておけばよかった、もっとがんばっておけばよかったと後悔することもあるかもしれないが、それに気がついたのであれば、ここから先の人生を充実させることに生かせばいいのである。

ミドルエイジを迎え、老いへの変化は加速するように思えるかもしれないが、一日一日過ぎていく時間の経過は同じである。かぎられた時間であると自覚したなら、これまでよりも、小さな前進を積み上げて、充実した濃い一日、濃い時間を過ごすこと。これが大切である。

ボクシングにたとえれば、こまめに出し続けるジャブ攻撃のようなものだ。小さな前進はあとで大きく効いてくる。

「燃えつき症候群」に陥るな

近ごろ、なかなか疲れが抜けない、どうも仕事がスムーズに進まない……そんなふうに感じている人は要注意だ。

中年期にさしかかると、さまざまな変化が押し寄せる。なかでも自覚しやすいのが体の衰えだろう。以前のように無理が利《き》かなくなるのは当然のこと。それゆえ、疲れがたまっていても、仕事の効率が多少悪くなっても、年のせいだと考えてしまう。だが、そこには「燃えつき症候群」に陥る兆《きざ》しが潜んでいるかもしれない。

燃えつき症候群とは、一つのことに打ち込んでいた人が、何かのきっかけでやる気を失い、スランプに落ち込んでしまうこと。受験に邁進《まいしん》していた学生や、熱心に親を介護したあとの主婦なども陥るが、中年男性で多いのは、仕事一筋でバリバリ生きてきた人が、突然、仕事に対する意欲が持てなくなってしまうケースだろう。

がむしゃらに仕事に取り組む毎日は、ずっとゴムを伸ばしているような状態。どんなに充実していると感じていても、ゴムが伸び切ってしまうときがいつかくる。中年期の慢性疲労や効率の悪化は、ゴムが限界に近づいているサインかもしれない。ときには、ゴムを緩《ゆる》めて休ませることも必要だ。

仕事中心の生活を送っている人は、プライベートも仕事にどっぷり浸《つ》かっている場合が少なくない。たとえば、飲みに行くのは会社の同僚や取引先の人間ばかり、手にする本も仕事に役立ちそうなもの、会社と家を結ぶルートを外《はず》れることなく往復し、休日に家にいても仕事のことが頭から離れない、といった具合だ。

本人はそれが充実した生活だと思ってきたのだろうが、サラリーマンであれば、いずれにしろ現在の会社や仕事から離れるときがくる。そのとき、仕事以外の人生が充実していなければ、まったくのゼロから新しい生活を組み立てていかなくてはならなくなる。

「人生に仕事を入れてもいいが、仕事に人生を入れてはいけない」のである。

いまは仕事中心でいいと考えている人もいるだろうが、年齢を重ねれば、脳のなかでもやる気や感情を司《つかさど》る前頭葉の部分が衰えてくる。一〇年後、あるいは二〇年後に定年を迎えるときには、体や脳の老化はさらに進んでいるということも頭に入れておきたい。

仕事人間が、中年期を迎えてこれまでの人生に疑問を抱くのは、むしろ歓迎すべきことだ。このまま定年を迎えて燃えつき症候群に陥る前に、人生をシフトするチャンスをもらったのだ、と考えればいい。

仕事から何にシフトするか。人それぞれだろうが、以前新聞に、退職前後の男女の趣味などの交流会を後押しするNPO法人「E-OJISAN」の活動の様子が紹介されていた（二〇一〇年一一月二七日朝日新聞）。「焼酎研究会」や「新橋の夜を極める」などの会合やセミナーを開いて、退職後の交流につなげようというものだ。

数年前から参加している男性は、「仕事のつながりだけだと、仕事がなくなればつきあいも切れてしまう。会社の都合に左右されないものができれば」という思いから参加したという。

では、すでに燃えつきかけている人はどうすればいいのか。

脳神経外科を専門とする築山節《つきやまたかし》氏は著書『脳と気持ちの整理術』（NHK出版）のなかで、「脳は本来怠け者であり、楽をしたがるようにできています」と述べていた。楽したがりの脳にやる気を起こさせるには、よい刺激を与え続けることが大事であり、そのよい刺激というのは、「短時間の集中ですむ作業を連続させる」ことだという。たとえば、部屋やデスクまわりの片づけがこれに当たる。仕事だけでなく、日常の雑事をきちんとこなしていくことが、脳を鍛え、意欲の低下を防ぐことにつながるというのだ。

かくいう私も、それだけはやっている。オフィスのデスクまわりは、執筆のための資料、雑誌・新聞類のスクラップなどが山積みされていて、傍《はた》から見れば雑然としたものだが、自分で決めたルールがある。一瞬にしてジャンル別に資料がピックアップできるように、どんなに多忙でも、どんなに疲れていても、オフィスに出勤したら最低でも一五分はデスクまわりの整理に時間を割《さ》く。

整理しながらでも、それぞれの資料の見出しや自分が書き込んだメモが目に入ってくる。そんなときに、思案していた企画のヒントや、なかなか進まなかった原稿の書き出しがひらめいたりするのだ。

私の場合は、整理という短時間の単純作業のなかで、仕事や原稿へのやる気が自然に湧《わ》いてくるのだが、この効果は業種を問わないだろう。何であれ、いまやるべきテーマが明確にわかれば、燃え尽きている暇はない。

「仕事のうえでの挫折」――それをどう克服するか

私は大学の経済学部を卒業したが、高校時代は文学部に進みたいと思っていた。中学生のころから、小説や詩に親しみはじめ、漠然《ばくぜん》とではあったが、できることなら文学で身を立てたいと思っていた。だが、当時、小さいながらも会社を営んでいた父の強固な反対に遭《あ》い、断念した。

そのころ、大きな衝撃を受けた一編の詩がある。中原中也《なかはらちゅうや》の詩だ。ご存じの方も多いだろうが、紹介しよう。

柱も庭も乾いてゐる
今日は好い天気だ
　　縁の下では蜘蛛《くも》の巣が

心細さうに揺れてゐる

山では枯木も息を吐く
あゝ今日は好い天気だ
路傍《みちばた》の草影が
あどけない愁《かなし》みをする

これが私の故里《ふるさと》だ
さやかに風も吹いてゐる
心置なく泣かれよと
年増婦《としま》の低い声もする

あゝおまへはなにをして来たのだと……
吹き来る風が私に云ふ

「帰郷」と題されたこの詩の最後の二行は有名である。

なぜ、ここでこの詩を紹介したのかといえば、ミドルエイジ・クライシスは、まさに「おまへはなにをして来たのだ」という自分への問いに対して、明確な答えを持てない苛立《いらだ》ちと無力感が根源にあると思えたからだ。

この詩は、中也が二七歳のときに上梓《じょうし》した処女詩集『山羊《やぎ》の歌』に収められている。彼自身は、三〇歳という若さで亡くなっているから、この「帰郷」は中年期の感慨を詠《よ》んだものではない。だが、「おまへはなにをして来たのだ」――すなわち「おまえは何もしていないではないか」という叱責《しっせき》は、ミドルエイジ・クライシスに襲われた男たちの胸に突き刺さるのではないだろうか。

この詩を紹介したのは、もう一つの理由がある。打ち合わせのために利用するバーで出会った男性が、この詩を話題にしたからである。

物流関係の上場企業に勤める四六歳の彼は、三年前に、会社が新しく立ち上げた海外支社の支社長に抜擢《ばってき》され、妻子を残して単身赴任した。

支社では現地職員とともに寝食を忘れて働き、三年をかけて何とか軌道に乗せることができた。その矢先、本社からの帰国命令。折からの世界金融危機で事業の見直しを余儀なくされ、海外支社は閉鎖するという。

仕事のためにMBAも取得し、順調にサラリーマン人生を歩んできた彼にとって、初めての挫折だった。そんなとき、中也の「帰郷」に出合う。

「知人に教えられて読んだのですが、『おまへはなにをして来たのだ』という問いかけを突き付けられて、『そうだ、俺はいままで何をしてきたんだろう。何もしてこなかったんじゃないだろうか』と、それまでのサラリーマン生活が、まるで意味も価値もないように感じられたんです」

彼は、この仕事に企業人としての自分の未来をかけていたのだろう。痛々しいほどだった。

かわいそうだが、骨身を削って会社の大事業に取り組んでも、うまくいかないときはある。まして、会社の方針での中止であるならば、責任を負うべきは上層部であり、損失が出たにしても、まともな会社なら、どんな事業でもリスクは織り込みずみのはずだ。よくあるケースといえる。いちいち滅入《めい》っていては体がいくつあっても足りない。

「気持ちはわかるが、人生が終わったわけじゃない。あなたのミスでもない。すんだことでくよくよしてもしかたないよ。倒産したわけじゃないんだから、リベンジすればいいだけのことだ」

話を聞いて、私はそう答えた。

当たり前のことだが、会社の仕事は詩作とは違う。起こってしまったことへの嘆きや悲しみを反芻《はんすう》したところで、何の役にも立たない。では、何が求められるか。業務遂行のプロセスのどこで、どんなミスがあったのかを詳細に検証することだ。

そして、もっとも大切なことは、上司や同僚、そして部下への「申し送り」である。大学受験でいえば、自分が受験に失敗してしまった大学の過去の試験問題を見直し、次に向けての解答を書き込む作業である。彼には酷《こく》だが、まったく違った意味で「お前はなにをしてきたのだ」と問い、感情を排除した言葉で答えなければならないということだ。それによってしか、失敗の悲しみが癒《い》えることはない。

「過失を率直に告白することは、それを無罪にする一つの段階である」

古代ローマの詩人シルスの言葉だが、まさにこれである。

夭折《ようせつ》の天才詩人・中原中也には申し訳ないが、会社というテリトリーにかぎっていえば、異国での挫折のあとの「帰郷」であっても、悲しみに浸る時間はそれほどたくさんは用意されていないことを心すべきだろう。

なぜ「自分への不安」が芽生えるのか

何気なく過ごしてきた日常に、突然忍び込むミドルエイジ・クライシス。確たる理由があるわけでもないのに、なぜ、不安や不満が芽生えてしまうのだろうか。

「不惑《ふわく》」という言葉のもととなった、『論語』の有名な一節、

「四〇にして惑わず。五〇にして天命を知る。六〇にして耳順（耳に従う）。七〇にして心の欲する所に従いて、矩《のり》を踰《こ》えず」

これは孔子《こうし》の人生について語った言葉だが、その悟りにはほど遠く、中年になって、いっそう迷ってしまうのがミドルエイジ・クライシスだ。

そのきっかけとなるのが「老い」の自覚。

ふとした瞬間、自分はもう若くないのだと実感したとき、誰しもショックを受け、うろたえる。まだこれからだと思っていたのに、いつの間にか人生のピークを過ぎて

しまったのではないかと感じたときの寂寥感《せきりょう》。他人事《ひとごと》だと思っていた老いが目前に迫り、これまで努力し積み重ねてきた人生も、自分の存在すらも、心もとなく思えてくる。

そんな不安に苛《さいな》まれるのは、人生の後半を迎える心の準備ができていないからだろう。「自分はまだ若い」といくら胸を張ってみても、シワ一本、階段一段に老いは確実に迫りつつある。自分が抱いていた理想と現実とのギャップが、不安や不満となって顔を出すのだ。

近年、「美魔女」なる女性たちが話題になっている。老いと闘い、負けるまいとルックスに磨きをかける女性たちだ。「国民的〝美魔女〟コンテスト」なるものも開催された。主にアラフォー女性を対象としている。

参加者はコンテストを主催する雑誌の読者たち。つまり芸能人ではなく一般女性なのだが、最終選考会まで勝ち抜いた彼女たちは、たしかに年齢を感じさせない美しさを発揮していた。

いくつになっても美しくあろうとする女性たちの努力は素晴らしいことである。だが、その反面、表面的な若さだけが保たれればいいのだろうか。そうした傾向に疑問を投げかけるのが、コラムニストの中村《なかむら》うさぎさんだ。

「どんなに頑張っても限界はある。自然の摂理には逆らえません。たとえ美容整形で顔を引っ張りあげても、老化は手足に忍び寄ってくる。手に入れた美魔女という最強カードが、いつか手の中でボロボロになっていたことに気づく瞬間は絶対来る」

彼女はそんなコメントを寄せている（二〇一〇年一二月一四日毎日新聞）。

その瞬間のためにも、いまのうちから老化に備えておくべきだという。

中村さんは現在五四歳だが、四〇代後半に顔の整形や豊胸手術を受けている。まさにミドルエイジ・クライシスに直面する時期に、老いに抗《あらが》い、必死にもがいた経験があるわけで、それだけにその言葉には実感がこもっている。

男女を問わず「老い」は必ずやってくる。人によってその時期に多少のズレはあるものの、それから先、幸せな老後を過ごせるかは、老いをうまく受け入れる心構えができているかどうかにかかってくる。

老いを感じはじめる時期と、本格的な老いの到来にはタイムラグがある。その間に老いをしっかりと受け入れる心構えを持つことが、後半生の充実につながるのだ。

自分に対する不安や不満は、その準備をきちんとしておけというサイン。これまでの人生に不満があるなら、どう改善していけばいいか、それを考えればいい。

老いが必ずしも厳寒の冬とは思わない。だが、老いをイソップ童話になぞらえれば、誰もが避けることのできないその時期への備えとしては、やはりキリギリスよりアリのほうが賢明ではないか。

「悩みは光に弱い」という真理

警察庁の統計によると、二〇一一年の自殺者は約三万人に及ぶ。性別で見ると、七〇%近くに当たる約二万一〇〇〇人が男性である。年代別に見ると、四〇歳から四九歳が全体の約一七%、五〇歳から五九歳が約一八%、六〇歳から六九歳が約一八%で、これを合計すると約五三%。半数以上が四〇代から六〇代となっている。この世代に自殺者が集中するのは、どういう理由だろうか。

原因としては「健康問題」がもっとも多いが、うつ病が影響したと思われるケースが二〇%前後あると見られている。

若いころなら、仕事、人間関係、結婚生活において問題が発生してもやり直しができたが、ミドルエイジにさしかかった人間にとって、振り出しからのスタートは大きな精神的負担になる。

おそらく、こうした世代に自殺やうつ病が多いのは、仕事や私生活での不調を前にして、若いころのように「リセット」する前向きな気持ちや意欲が急激に失われるからではないだろうか。

医学の世界でも、うつ症状の病理学的なメカニズムは完全には解明されていないらしいが、症状としてもっとも顕著に出るのが不眠症状だという。

私の知人がそんな症状に陥った。四七歳の公務員だ。

異動で部署がかわり、まったく新しい仕事にとまどった。ある日、突如として激しい気分の落ち込みに悩まされた。生活を脅かされるほどではなかったものの、仕事が思ったほどうまくいかず、体は疲れているはずなのにベッドに入っても眠れない。企画の問題点や失敗への不安が次々と脳裏に浮かんでくるからだ。

やっと眠りについたかと思えば、夢にまで仕事で失敗するシーンが現れる。ハッとして、目が覚める。そんな日が一週間ほど続いた。鏡を見れば、頬はゲッソリとこけ、顔色も冴《さ》えない。

彼は、どうしたものかと思案した。精神科を受診するには抵抗がある。そんなとき、会合の席で隣り合わせた人物に自分の症状を問わず語りに話していたという。

「眠れないなら、寝なきゃいいじゃないですか」

予期しなかった答えに、彼は言葉を失ってしまった。

「眠れない、眠れないといったって、一週間も一〇日も人間は起きていられないんだから、そのうち眠くなりますよ。人間、寝床ではイヤなことは考えない、しない。悩みがあるなら眠くなるまで寝なきゃいい。眠れなくて死んだ人なんて聞いたことがない。そうでしょう。ハハハ」

目からウロコである。

その発言の主は、数々の事業で失敗を重ねたすえ、ついにはラーメン店チェーンを成功させた人物だった。一時は財産をいっさい失い、借金も膨らみ、最後には危ないお金にまで手を出し、その筋から厳しい取り立てに遭ったこともあるという。想像を絶する修羅場を経験したであろう御仁《ごじん》の言葉だけに、妙に説得力があった。

その出会いのあと、知人の不眠症状は次第に消えていった。

彼が心がけたのは、部屋の明かりを消してベッドで横になったとき、「悩む」「不安」という回路を頭のなかで断ち切ることだった。考えそうになったら、起き出して、部屋の明かりを点《つ》ける。これを何度も繰り返した。まるで「金縛り」を回避するようにである。

不思議なもので、何かしらの悩みを抱えているとき、人間は暗闇のなかでは、その悩みを何倍にも大きくしてしまう。これでは何の解決策も生み出さない。

彼は、ある種の訓練のように「寝床で悩まない」というルールを頭のなかにつくり上げた。知らず知らずのうちに体がそれを覚えていったような気がしたという。

こうして彼は不眠から解放され、ほどなくうつ状態も脱した。

「悩むなら、明るい時間、起きているとき」。それが、悩みを最小にするコツである。「寝床では悩まない」と、交通標語を唱える子どもたちのように、事あるごとに口にしてはどうか。

ともあれ、悩みという生き物は「光」や「明るさ」が苦手なのだ。

悲観的な言葉は口にするな

私が少年期から青年期を過ごしたのは、東京・墨田区《すみだ》の錦糸町《きんしちょう》から押上《おしあげ》の間である。いわば下町だ。若いころはサラシ半反を腹に巻いて神輿《みこし》を担《かつ》いだこともあったし、商売をやっていた家の手伝いでオートバイを乗り回していた時期もあった。まあ、ヤンチャだったわけだ。いま、その場所から東京スカイツリーがよく見える。

青春の思い出がたくさん詰まった街の近所に誕生した新名所だから、日を追って高くなり、完成に向けて少しずつ形づくられていくその姿は気になっていた。展望台を含めた塔の八割方が完成したときは、

「ああ、あとは二〇〇メートル近いアンテナ部分が立てられて完成か」

と、何やら、うれしさと寂しさが相半ばする気分だった。それは新しいものができ上がるという高揚感と同時に、大事業が終息してしまうというある種の喪失感が入り

混じったようなものだったかもしれない。

そのころ、私は待ち合わせなどに使う錦糸町のバーに立ち寄った。講演をマネジメントしてくれる広告代理店の担当者と打ち合わせがあったからである。そこで、ツリー完成への思いを何気なく話題にした。すると、予想もしなかった言葉が担当者から返ってきた。

「私もスカイツリーと同じ、Game《ゲーム》 is《イズ》 over《オーバー》。そろそろ一丁上がりです」

彼はそのとき五四歳。役職的にもまだまだ上を望める男なのに、疲れ切った表情でそんなことをいってくる。

「何をバカなことをいってるの！　ウソでも弱気なことはいうもんじゃない」

五〇代で一丁上がってどうするのだといいたかったのだ。

私にいわせれば五〇そこそこの人間は、考え方、生き方次第で、チャレンジも実現できることもまだまだたくさんある。スカイツリーとまでいかなくても、自分なりの塔の一つや二つは、いまからでも建てられるのだ。私より一回り以上も年下の男である。些細《ささい》なことかもしれないが、そんな人間の「したり顔」の言葉には、簡単に同意するわけにはいかない。

以前と比べると、日本人の寿命は飛躍的に伸びた。明治時代初期に比べれば、一人の人生に与えられた時間はほぼ二倍になった。たかだか五〇歳を過ぎたくらいで「Game is over」など、とんでもない。

彼はどんな気持ちで口にしたのか。本気か。謙遜《けんそん》か。謙遜は日本人の優れた美徳といわれているが、私は可愛げがないせいか、あまり謙遜しない人間だ。「いまのドライバー飛びましたね」「オシャレなジャケットですね」「今度書かれた本、よかったです」といわれれば、素直に「ありがとう」と受け止める。「いえいえ、お恥ずかしい」などとは決していわない。ただ自慢や追従《ついしょう》も好まないから「いまの二五〇ヤードは飛びましたね」などと大げさにいわれれば「いえいえ、それはない」と即座に否定はする。

いずれにせよ謙遜の言葉は、自分への卑下を伴いがちだ。ときにウソを承認する行為にもなる。本当に自分がそう考えているならともかく、思ってもいないことを口に出すのを私はよしとしない。彼が本気でいったのか、謙遜だったのかはわからないが、人が聞いて楽しくないことはいわないほうがいい。

私には外国人の友人が何人かいるが、彼らの口から謙遜の類の言葉を聞いたことはない。「粗品」「愚妻」「拙宅」などという言葉があるのは、日本だけだろう。

年齢や体力の衰えなども、あえて口に出すことはない。そんな弱音は口にしないこと。自分のマイナス面に拡大鏡を当てて自嘲《じちょう》的に笑ったら、何かの役に立つのか。思ってもいないこと、本心から感じてもいない弱気、楽観的に考えていることを、わざわざ悲観的に話してもいいことなど何もない。

言葉の力は不思議なもので、口にしたそのときから知らず知らずのうちに自分を支配しはじめる。ダメだと思いはじめると、本当にダメになる。「老けたなあ」といえば、本当に老けるのだ。悲観的な言葉は絶対に口にしてはいけない。たえず口にしていると、本当にそうなってしまうから怖い。言葉の魔力でもある。

まさに「ウソから出た真《まこと》」になる。

「Game is over」などは自分の辞書から消すことである。

五〇歳を過ぎても、死ぬまで進みつづける。「Game must go on《ゲーム マスト ゴー オン》」がいい。

あなたはよき「ウォッチャー」を何人持っているか

仕事であれ、プライベートであれ、人生の途中で突然の不調に襲われることは誰にでもある。これといった理由もないのに、何事にも集中できなくなったり、漠然とした不安に陥ったりすることもあるだろう。

子どものころなら「お腹が痛い」といえば、母親がお腹に触り、顔色を見て、熱を測って原因を探してくれた。そして、常備した薬を飲ませてくれたり、手に負えなければ病院に連れて行くなりして解決してくれた。

だが、子どものときと違って、「中年の危機」の処方は簡単ではない。とりわけ、人生の経験をそれなりに積んできた人間としては、そう簡単に弱音は吐けないものだ。いままでやってきたことへの自負もある。そこで、漠然とした不調の感触も「何のこれしき」と自分一人で解決しようとする。

だが、このスタンスが事態をさらに深刻化させることがある。「いい年をした大人が」というプライドもあって、外見を取りつくろい、悩みや不調を隠そうとする。対処の処方箋《せん》も見つけられないまま、悩みは自分のなかで大きくなっていき、ある日突然、変質する。

「まさか、あの人が」。傍目にはまったく異状が感じられなかったのに、突然、自《みずか》ら命を絶つといったケースもある。

「内科的な不調による症状を心の問題と勘違いされる患者さんもいますし、もっと早く精神科を受診していれば、ここまで症状が進行しなかったと思われる患者さんもたくさんいるんですよ」

精神科医ではないが、私が定期的に健康状態を診てもらっているドクターはいう。

アメリカでは、ちょっとした変調でも精神科のカウンセリングを受けることは、それほど珍しくないようだが、日本ではまだ、精神科の受診を特別視する傾向がある。症状が自分の手に負えなくなってからの受診が多いようだ。

医学的な心身の変調もそうだが、自分の行動や精神面で「マイナスの変化」が現われたとき、それを決定的なダメージに変化させないために大切なことは、何よりも「早期発見」だろう。

そのために必要なのは自分を観察してくれる人だ。

ゴルフを例にとってみよう。アメリカにデビッド・レッドベターというゴルフのインストラクターがいる。彼はその世界でもっとも有名といっても過言ではない。アメリカのトッププロとも契約し、多くの選手の活躍を支えてきた。日本でもゴルフ上達のための書籍やDVDなどでなじみが深い。

ところが、彼はティーチングプロとしては有名だが、プレーヤーとして目立った成績を上げてきたわけではない。一部のプロゴルファーは、選手として実績のない人物がプロに教えることは不可能であると主張し、レッドベターを含めたティーチングプロの存在には否定的だ。

だが、私はさしてうまくもないアマチュアゴルファーにすぎないが、「プレーするプロ」だけでなく「見て教えるプロ」がいてもおかしくないと思う。

「自分ができるかどうかは別にして、あなたの間違いはここではないか」と指摘してくれる人が自分のまわりにいることは、とても大切だ。つまり「ウォッチャー」の存在である。

とりわけ、自分の行動や精神面でマイナスの変化が起きているときには、大いに役立つ存在といっていい。

そういう状態にいるとき、本人は必ず視野狭窄《きようさく》に陥っている。マイナスの現象ばかりを追いかけて、全体が見えていないのである。

さらに、もう一つ。誰でも物事がうまくいかないときは、視野狭窄だけでなく「難聴」にも陥りやすい。つまり、他人の声が知らず知らずのうちに聞こえにくくなっているのである。

よきウォッチャーは、あなたの変化を見て大声で伝えてくれる人である。ウォッチャーが早期に発見し、「右じゃない。左だ！」などと大声で伝えてくれれば、不調への処方箋はすぐに見つかる。自分では気づかなかったほんのわずかなフォームのズレが原因であるかもしれないのだ。

このウォッチャーは、いろいろなタイプの人がいれば心強い。幼なじみ、同級生、会社の同僚、上司、部下。もちろん家族も大事だ。

そして、何よりも重要なことは、いわれた本人が「アイツに何がわかる」というスタンスをとらないことだ。そんな姿勢では、変調に気づいても何もいってもらえない。逆に「俺、何か変か」と尋ねてみるのがいい。裸の王様になってはいけない。とにかく、重症の変調に陥っている人間は、自分の力だけで克服しようとするのは絶対に避けたほうがいい。たとえていえば、それは、心臓の不調に気づいた人間が、すでに聞こえにくくなっている耳に聴診器をあてがい、自分の心臓の鼓動を聴くようなものだ。正しい診断など不可能である。

われわれは無人島にたった一人で生きているわけではない。多くの人間との関わりのなかで存在している。本当に自立している人間とは、いざというとき頼れる他者を持っている人のことをいうのだ。

あなたには、心臓や肺の不調に気づいたとき、安心して聴診器を渡せる人間が何人いるだろうか。その数の多さは、あなたが日ごろ、どれほど誠実に人と接してきたかにかかっている。

うまくいかないなら「ファウルで粘れ」

どんな職場にも、どうにも反《そ》りの合わない人間はいるものだ。新しく入社してきた社員に対して、世代間ギャップという言葉だけでは片づけられない距離感を覚えることもあるだろう。仲のいい友人ではなく、もともと見ず知らずの人間同士が、たまたま一つの会社に集まったにすぎないのだから、それは当然のこととして対処しなければならない。それが会社というものだ。

どうにも相性のよくない人間が部下なら、命令して、あるいは諭《さと》すようにしてその「不親和性」を改善することは可能だろう。しかし、こうした関係が上司との間にあるとなれば、これは厄介《やっかい》である。

中間管理職として部下を束ね、滞《とどこお》りなく業務を遂行しながら、上司からも一定の評価を得なければならない。四〇代、五〇代サラリーマンのつらいところである。会社は利益第一。多少、人間関係がギクシャクしても業績さえきちんと上げていれば、表立って問題は起きない。

しかし、業績が低迷すると、とくに上司とうまくいかない人間関係は心理的に負担になってくる。フェアなスタンスを持った上司ならいいが、感情的な部分を前面に出して原因を部下になすりつけてくるような上司だと困ったことになる。

中間管理職にしてみれば、それをそのまま部下に押しつけるわけにもいかない。ほとんどのビジネスは、どうあがいてもうまくいかないことがある。社会全体の経済が低迷していれば、一つの会社の力、一人の人間の努力や着想だけでは打開できない局面もある。だからといって、手をこまねいているわけにもいかない。

そんなときは、どうすればいいか。懇意にしている中堅証券会社の課長氏がいう。

「株式市場に元気がないときに、お客さんに株を売ろうとしても絶対に無理なんです」

上司は、そのことをわかっていながら「何とかしろ！　もっと若い営業マンを動かせ」とうるさくいってくるのだという。

「お客さんと直《じか》に接していれば、上司のいうことが絵に描いた餅《もち》だということが部下にはわかってしまう。現場に出て『できない』ことを知ってしまったら、部下に『やれ』とはいえません。これが中間管理職の誰もが背負わされる『板ばさみ』というわけです」

どんな職種であれ、どんなに攻めてもうまくいかないときはある。そこで考えた彼の対処法がなかなか面白い。

「上司のいうことを野球にたとえれば、一六〇キロ以上の速球を投げるピッチャーの球をホームランにしろということなんです。できないことは自分がいちばんよく知っているのにです」

そこで彼が考えついたのが、上司の無理難題に対して「ファウルで粘る」ことだそうだ。

「『できません』『無理です』だけでは、上司も納得しません。これとこれをやってみたのだが、これこれこういう理由でうまくヒットにできない。それを、できるかぎり冷静に、具体的に、そして論理的に説明するのです。こちらも怠けているわけではない」胸を張ってとはいいませんが、きちんと何回も事情を説明する。これしかありません」

彼はこのスタンスを「ファウルで粘る」という。なかなかユニークな表現である。考えてみれば、プロ野球の世界で、三割バッターは一流である。そんな一流バッターでも一〇回のうち七回は打ち損じるわけだ。サラリーマンの世界とて、百発百中というわけにはいかない。業績を上げようとしてもうまくいかないことはある。ましてや、景気の低迷期ではなおさらだ。

まともな部下なら、そうしたジレンマを充分に感じている。そんなときに、上層部の盾になって「ファウルで粘る」中間管理職の後ろ姿は、部下には頼もしく見えるのではないだろうか。粘って、粘って、結局は三振しても、あとに続く部下が、疲れの見えたピッチャーの球をホームランにしてくれるかもしれない。

「ファウルで粘る」いぶし銀の技。これもまた優れた中間管理職に求められるスキルではないか。

ちなみに、日本のプロ野球史上、一打席での最多ファウルの記録は一四。これは三人の選手が記録しており、粘ったあげくに一人はヒット、残る二人はフォアボール。いずれも出塁している。アメリカ大リーグの記録では、なんと二四というのがある。こちらもフォアボールで出塁している。

「ファウルで粘る」戦法は一〇〇％の成功率のようだ。

自分への評価を他者に強要するな

「会社なんてものは冷たいものですね」

五五歳の男性がため息まじりに私に話しかけてきた。地方での講演会のあとのレセプションでのことだ。

聞けば、勤めていた機械部品メーカーの会社が不況のあおりを受け、早期退職者を募《つの》った。五年前のことだ。管理部門の部長職にあった彼は、自分の年代がターゲットになっていることを知り、会社にしがみつくのもいかがなものかと考え、自ら手を挙げたのだそうである。

そして、退社して二年。会社はさらに早期退職者を募った。かつて、彼が可愛がっていた部下が手を挙げた。その部下の送別会が開かれ、彼も招かれた。退職するかつての部下の労をねぎらい、久しぶりに会社に残った同僚や部下たちと旧交を温めようと参加したのだそうである。

「辞めた人間ですから、久しぶりに会ってもそれほど喜んでもらえるなどと期待はしていませんでしたが、想像以上にかつての同僚や部下はクールでした」

彼にいわせれば「無関心に近かった」そうである。そのショックを私に語りかけてきたのだ。思わず私はこういった。

「あなたは辞めた会社に何を期待しているんですか。それは当たり前のことでしょう。前を見なさいよ、前を」

少なからずショックを受けている彼に、追い打ちをかけるような言葉だったかもしれないが、私にいわせれば彼の言い分は「甘い」のひと言である。

会社は家庭ではないし、親戚の集まりでもない。学校でもないし、趣味のサークルや老人会でもない。平たくいえば、各人がそれぞれの部署で業務を行なうことで利益を追求し、その利益の分け前をみんなでもらう。そのために見ず知らずの人間が集まっただけの集団である。それ以上でも以下でもない。

たとえ現役の社員であったとしても、それだけの存在にすぎない。ましてや辞めた人間など、会社にとっては何の意味もない存在といっていい。

日本にはかつて「家族的経営」と謳《うた》って、まるで会社に体温でもあるかのような風土もあったが、いまは成果主義が主流だ。正社員でさえ減給やリストラの憂《う》き目に遭っている。厳しい時代になっているのだ。送別会に参加した者はみな「明日はわが身」である。元部長氏には、これがわかっていない。

さらにいえば、かつて会社の利益に貢献し、管理職として君臨していた事実を尊敬してくれない元同僚や元部下に対する不満もあるのだろう。だが、これもお門《かど》違い。早期退職者制度とはいえ、辞表は自らの意志で出し、会社と決別したのである。

かつて長くつきあって別れた女性と道でバッタリ。女性は幸せに暮らしている。だが、男性はチャンスとばかりに「お茶でも」と誘ったが、あっさり断られた。そんな女性に対して「冷たい女」と思うのは、はなはだ身勝手な言い分にすぎない。

会社に対して「あれほど貢献したのに」と主張しても、給料はきちんともらっていたのだからチャラである。「あんなに愛したのに」といっても、自分も楽しんだのだからオアイコであるのと同じこと。すでに過ぎ去った日々のことなのだ。

本来、自分のなかに納めておけばいい会社人としてのキャリアへの評価を、他者に求めているだけなのである。つまりは他人に「あんたはエラい」を強要しているのだ。寂しい話。これでは幼児に等しい。

退職者であれ、退職を間近に控えている人間であれ、自分のキャリアへの評価を進んで他人に求めるのは見苦しい。

ローマ帝国五賢帝時代の最後の皇帝、マルクス・アウレリウス・アントニヌスの著書『自省録』に、こんな一節がある。

「人の一生は短い。君の人生はもうほとんど終わりに近づいているのに、君は自分に尊敬をはらわず、君の幸福を他人の魂のなかに置くことをしているのだ」

他者からの評価や、他者が自分にしてくれることを、幸福の重要な条件と考えていては、永遠に満たされることはない。家族の情や、友人とのつきあいは、人生に潤《うるお》いや癒しをもたらしてくれる。しかし、家族も友人も、あなたのすべてを支えるために存在しているわけでも、あなたの思うとおりに行動してくれるわけでもないのだ。それが現実だということを心すべきだろう。

これまで積み重ねてきた人生、それによって得たもの、自分を形づくってきたものの価値を、誰よりも知っているのは自分自身だ。それにもっと自信を持っていい。それで充分ではないか。自分にとって大切なものにより磨きをかけ、高めていくことこそが大事なのだ。

辞めてしまった会社に、いつまでも片思いのまなざしを送っていても、会社も迷惑するし、自分の残された未来の邪魔になるだけである。

「旅に逃げる」ことが有効な場合もある

スランプに陥って悩みはじめると、私はなぜか「脳が湿っぽくなってジメジメしている」という感覚にとらわれる。知らず知らずのうちに、水分を含んだ澱《おり》のようなものが脳に充満しているように感じるのである。

それが飽和状態に達したとき、私は旅に出る。いちばんいいのは南の島。ここしばらくはご無沙汰だが、私は一〇回以上ハワイに出かけている。ジメジメした脳を乾かすには、もってこいの場所である。

たいていは妻も連れ立って、大学の同級生でアメリカ本土在住の友人夫婦とホノルルで落ち合う。そして、マウイ島、ハワイ島、カウアイ島などに滞在する。なかでも荒涼とした風景の多いハワイ島が好きだ。一人で行くこともある。

ゴルフに興じたり、ぼんやり青い空と海を眺めていると、いつの間にか脳がスッキりとしてくる。そんなとき、突然、仕事や私生活での思いがけないアイディアが浮かんだりする。

ハワイだけではない。日本でいえば、箱根も私にとってはそんな効果をもたらしてくれる場所だ。途中、時折クルマから姿を現わす富士山を眺めるだけで、スランプの出口が見えてくるような気分になる。芦ノ湖畔を散策したり、ゴルフをしたりしたあとでいいお湯に浸かり、美味しいものを食べてぐっすりと眠る。朝起きれば、脳は乾いているのだ。

「何を能天気なことを！　中高年の悩みは深刻なんだ」

そんな声が聞こえてきそうだが、人間、ジタバタしても始まらないときは、「逃げる」にかぎる。旅は逃げるには最高の方法だ。

こういう姿勢に対して「不謹慎だ」「卑怯《ひきよう》だ」と批判する向きがあるかもしれないが、私はそうは思わない。

難局を前にして、しかめ面で真面目なポーズを崩さず、張り詰めた緊張のなかで脳を働かせることが、唯一の解決方法とは思わない。たとえば、問題解決のための妙案が生まれず、沈黙が続くような会議は何時間続けても意味はない。「ない袖は振れない」ではないが「働かない脳は使えない」のだ。

私は、デスクの前に座っていてもプランが生まれなければ、席を立って部屋を歩きはじめる。それでもダメなら外に出る。

人間には、体を動かすことや場所を移動することで、脳のフリージングを解除しようとする習性がある。そういう状況で、押し入れに閉じこもってじっとしている人がいるという話はあまり聞いたことがない。

動いて、場所を変えることで新たな視点から問題を観察し、手掛かりを見つけ出そうと試みるのである。逆に思案にくれながら街を歩いているときに、疲れていなくても、喉《のど》が渇いていなくても喫茶店に入ることもある。

問題解決の糸口を見つける方法の一つが、自分のいる場所を変えることだとすれば、旅はその究極の形だと思う。

私にとっては、その「御利益」のある場所がハワイ島であり、箱根でもあるのだが、人それぞれにそんな場所を持っているはずだ。

古代ギリシャの数学者アルキメデスは、当時ギリシャの植民都市であったシラクサの支配者ヒエロン二世からある命を受けた。王冠制作を依頼した金細工師が王冠に混ぜ物をしていないかを調べよというのである。難問である。

思案にくれていたアルキメデスは、あるとき風呂に飛び込んだ。そして、風呂からあふれ出す水を見て、いわゆる「アルキメデスの原理」のヒントを思いついた。ここから、物質によって比重が異なることを発見し、見事に王冠に混ぜ物が施してあることを突き止めたのである。

難問解決の方法を見つけるためには、いつまでもデスクの前に座っていればいいというものではない。スランプ脱出も同じことだ。真面目な「前向き」がつねに有効とはかぎらない。不謹慎な「後ろ向き」という逃げの姿勢が有効なときもある。

余談だが、その筋の人がいっていた。

「われわれの世界で喧嘩《けんか》がいちばん強いのは、いちばん逃げ足の速いヤツです」

ときに逃げることは勝利への近道にもなる。天下を取った織田信長《おだのぶなが》も、これは負け戦だと悟ったときは、さっさと逃げ帰った。

二進《にっち》も三進《さっち》もいかなくなったら、旅に逃げるのもいい。悩みを抱え込んで、脳をジメジメさせたままではいいことはない。

ズル休みでもいいではないか。

「二、三日休んでも、まさか会社は俺を殺しはしないだろう」

そんな腹のくくり方も、ときには必要なのだ。

第2章

自分で「心を折って」いないか

——危機を呼び込んだのは、あなた自身かもしれない

会社勤めの恩恵を「当たり前」と感じていないか

経済の低迷で企業の業績が伸び悩むなか、メールやブログを通じて、私のもとにも「会社を辞めて独立したいのだが」という相談が寄せられる。そのなかには五〇代の読者もいる。相談相手が、会社でかなりの実績を上げているとか、特殊なスキルを持っていると客観的に判断できる材料がないかぎり、私は独立や転職を思いとどまるようにとメールを送る。

「会社を辞めてはいけない」

折あるごとに、そういってきた。

誤解を恐れずにいえば、ほとんどの会社は定時に出社して所定の勤務をこなせば給料がもらえる。必ずしも会社の利益に寄与する働きをしなくても、一定の収入は保証されている。たとえ自分の生涯賃金を上回るような損失を会社に与えたとしても、それが会社の認めた業務の一環であるならば、出世の道が途絶えることはあってもクビになることはない。

経営者はともかく、雇われている社員の立場から考えれば、これほど都合のいいシステムはないといってもいい。

私自身は約二〇年の会社勤めのあとに独立したが、会社を辞めたことを何度後悔したかわからない。出版プロデュース業を始めてすぐに手がけた書籍が幸運にも読者の支持を得てベストセラーになり、それ以降もヒット作が出たために、今日まで家族を路頭に迷わせることもなかった。だが、謙遜でも何でもなく、これは運が味方したとしかいいようがない。

親から継いだ財産があったわけでもないし、多くの蓄えがあったわけでもない。事故に遭ったり、長患いをすれば、その日から失業者になる生活である。家族には見せないものの、そうした不安をいつも抱えていたから、実は会社を辞めていなかったという夢を幾度も見て、幻の安堵《あんど》をしたりもしていた。会社を辞めた元サラリーマンのほとんどが経験することではないかと思う。

以前、パーティーで売れっ子の芸人さんと話す機会があった。テレビをつければ彼の顔を見ない日はないほどの人気者である。聞けば、一日の睡眠時間は二〜三時間。どれほど多忙なのかと思い、まる一日休めた日を尋ねると「ここ半年、記憶にない」という。さぞや、たまにはゆっくり休みたいだろうと水を向けてみると、意外な答えが返ってきた。

「とんでもない、休みなんか欲しくないです。もし『明日、休んでいいよ』と事務所からいわれたら、不安で不安で、眠れないと思います」

大学を中退して芸人を目指したものの、すぐには売れない。親からも勘当同然に扱われ、アルバイトをいくつも掛け持ちしながら芸を磨き、ようやくスポットライトを浴びる存在になった。

「毎日、いや一時間ごとに後輩がデビューしてきます。彼らはみんなライバルです。僕らの世界には固定給も年齢給もありません。病気をしたら、その日から収入ゼロ。所属事務所があるといっても、芸人は社員でも何でもない。退職金も失業手当もありません。下手《へた》に『休みたい』なんていって『どうぞ』といわれたら、もうおしまいです。その日を境に永遠の無給休暇です」

初対面の私に対して、多少、謙遜気味に話したにしても、売れっ子芸人の胸中を真顔で語るその表情は、テレビでお笑いのギャグを飛ばすときのそれとは、まったく別のものだった。

いまは成功を収め、才能にも恵まれていると思える芸人でさえ、人知れず、不安な日々を送っているのだ。ましてや、組織のなかでしか生きてこなかった五〇歳前後の人間なら、すぐにでも確実な収入が得られる保証がないかぎり、独立など考えてはいけない。自分一人が路頭に迷うだけならいいが、家族を道連れにするのはひとかどの男がやることではない。

タコ部屋のような劣悪な条件の会社ならともかく、少なくとも二〇年以上働いてきた会社なら、悪いことばかりではないはずだ。どこかで、住み慣れたわが家を見るような感覚で会社を見ていないか、一度考えてみるといい。当たり前のように受けてきた会社勤めの恩恵を忘れて、ただ自分勝手な目線で、欠点ばかりを見つけているのではないか。

裕福で広い庭を持った隣の家をうらやんでばかりいてもしかたがない。その隣家の内実は、借金だらけで家庭崩壊寸前になっているかもしれない。外見だけではわからないのだ。

一時の不満で辞表を出してしまっては、二度と取り返しがつかない。家族喧嘩での家出なら、謝れば家族も迎えてくれるが、会社はそう甘くはない。

あなたは「FREERIDER《フリーライダー》」になっていないか

かつて、小学校の運動会の徒競走では、一位になればノートや鉛筆などの賞品がもらえた。ふだん、勉強では目立たなくても、運動神経に自信のある子どもは運動会ではヒーローだった。獲得した賞品を手に誇らしげに歩く姿があった。

だが、いまは順位をつけるのがダメなのか、ゴール寸前でみんな一列に並んで、そろってゴールインする運動会もあるそうだ。なんとバカげたことをするのか。人間なら、何に関しても優劣があるのは当然のことである。

サラリーマンの出世レースも同様だ。同じ年齢、同じ勤務年数でも明らかな差がつくこともある。就《つ》いた役職の上下を勝ち負けだとすれば、勝つ人もいれば負ける人もいる。勝てば給料は上がるし、勝ち上がって役員になれば多額の役員賞与を手にすることもできる。

通常、役員の定年は社員の定年よりも遅い。場合によっては、本社の社長は無理でも、系列会社の社長にはなれるかもしれない。そうなれば、同期入社で役員になれなかった人間に比べて、生涯賃金は大きく違ってくるだろう。

サラリーマンで生きていく以上、会社での出世レースに勝つに越したことはない。だが、問題なのはその勝ち方である。

会社の利益に貢献する成果を上げ、周囲の誰もが昇進を認めるような勝ち方ができればいちばんいい。これこそまさに「上手な勝ち方」である。

二番目にいいのが、会社の利益のためと一生懸命努力したが、結果が伴わなくてダメだったとき。これは不運とあきらめるしかない。それでも悔しさを表に出さず、粛々《しゅくしゅく》と自分の職務を果たす人間。これは「上手な負け方」である。周囲から尊敬の念は抱かれる。

三番目は、仕事に対して熱意もなく、その結果、会社の利益にもあまり貢献できず、上層部からも周囲からもそれなりの評価しかされずに昇進できない人。これは自己責任。「下手な負け方」だ。

いちばん悪いのが「下手に勝つ」である。会社の利益に貢献したかもしれないが、ライバルを貶《おとし》めたり、人をだましたりして昇進する人間である。こういうことをする人間の本質を見抜けずに昇進させる上役も上役だが、こうやって勝ち抜いてもまわりからの尊敬は得られないし、多くの場合は恨みを買うだけだ。このタイプはたとえ出世しても、決して幸福な人生を送れないと考えておけばいい。

勝ち負けでの順序をいえば、「上手な勝ち方」「上手な負け方」「下手な負け方」「下手な勝ち方」の順。これは「電力の鬼」と呼ばれた松永安左エ門《まつながやすざえもん》翁の言葉だ。

いま「FREE　RIDER」という言葉をあちこちで耳にする。ここでいう「FREE」は「自由」という意味ではない。「無料、ただ」という意味。

つまりは「タダ乗り人間」である。ライダーとは名ばかりで、レースに全力で臨まない人間だ。会社の利益に貢献もせず、給料だけをもらっているような社員のこと。とくに四〇代後半から五〇代のフリーライダーは百害あって一利なしだ。どこの会社にもこういう人間はいる。「下手な負け方」を絵に描いたような人間である。

私がここ二〇年ほど出入りしている会社にも、出世レースから脱落した五〇代の社員がいる。給料はいい。だが、仕事のほとんどは後輩にやらせる。女性社員に対しても横柄。年下の上司に対しては下から顔をのぞくように対応し、言葉遣いは慇懃《いんぎん》無礼《ぶれい》。上役のいない場では、社員を前に会社批判、上司批判ばかりする。もはや自分の会社を「敵」と見ているとしか思えない。まるで評論家の物腰である。

さらにいえば、納入業者や掃除のおばさんなど立場の弱い人間には、年配者であっても驚くほど高圧的だ。

これでは、意欲に燃えて仕事に励む部下や新入社員に悪影響しか及ぼさない。リストラ対象にならないのが、不思議なくらいである。

「私は上に嫌われているんです。一生懸命やったって会社は評価してくれない」

彼の口グセである。だが、彼が三〇代のころから知っているが、一生懸命働いている姿を見たことがない。外部の人間でも、何回か言葉を交わしその人の言動や表情を見れば、仕事のできる人間、仕事を一生懸命にやる人間かそうでないかはわかるものだ。

彼がいつも斜《しゃ》に構え、デスクからほかの社員を観察する姿はよく目にするが、潑剌《はつらつ》と仕事をしている姿を見たことはない。上司に嫌われているのではなく、仕事人として評価されていないだけなのである。

サラリーマン社会は「機会は平等」だが、それ以外は平等ではないと心得ておくべきだ。一生懸命仕事をして成果を上げたとしても、それが必ずしも昇進に結びつくとはかぎらない。運も作用する。相性の合わない上司につけば、出世できないこともあるだろう。

だからといって、フリーライダーになっていいという理由にはならない。

たとえ自分が周回遅れでも、レースでは走りの手は抜かない。それが本物のレーサーである。「禄《ろく》を食《は》む」とはそういうことだ。よく見れば、どんな会社にも出世レースから脱落しているにもかかわらず、一生懸命、誠実に自分の持ち場をこなしている人もいる。「上手に負けている」のだ。

何よりも、出世がサラリーマンの最終目標ではないはず。そして、出世した人間が必ずしも人格者とはかぎらない。恨んで、僻《ひが》んで、悪口三昧《ざんまい》では、人間失格になる。

新しい職場で心すべきこと

経済が活況を呈している時代ならいざ知らず、いまのご時世、四〇代、五〇代の人間が自ら望んで転職するのは、よほどの好条件が用意されている場合以外、やめておいたほうがいい。だが、望まなくとも、リストラや会社の命令で子会社への出向、系列会社への転籍など、いわば転職を余儀なくされることもある。

「リストラを漢字で書けば肩たたき」

「リストラ」という言葉が広く使われるようになったバブル崩壊後の一九九八年に詠《よ》まれたサラリーマン川柳の一句だ。サラリーマンである以上、肩を叩かれればそう長く席に座っているわけにはいかなくなる。新天地を求めなくてはならない。

ミドル世代で心ならずも転職しなければならないのはつらいことだが、会社を恨んだり、わが身の不幸を嘆いているばかりでは、人生後半をただ惨《みじ》めなものにするだけだ。「ミドルエイジ・クライシス」の餌食《えじき》である。

こういう立場になったとき、何よりも心しておかなければならないことがある。それは「自分対会社」のスタンスを、いったんは白紙に戻すということである。

会社にはそれぞれ個性がある。当然、そこで長年働いてきたサラリーマンもそれに合わせた個性を身につけている。だから、別の会社に移っても、これまでどおりのやり方でいくと、思わぬ失敗をしたり、ときには大きな落胆を味わうことになる。いわば慣習や文化の違う国に移住したと思わなければならない。まったく異なる適応力が求められるのだ。

とりあえず自分のキャリアや実績、そこから生まれる自信やプライドは棚上げすることだ。出向や転籍はもちろんのこと、リストラの後、募集に応じて入った会社であっても事情は同じ。

キャリアや実績を評価されたことは間違いのない事実だが、昔話や手柄話を聞くために採用したわけではない。会社が違えば、自分が培《つちか》ってきたノウハウやスキルがそのまま受け入れられるとはかぎらない。それを捨てろというのではなく、様子を見る期間を持ったほうがいい。

新しい会社で焦るあまりに、前職で自分がいかに価値ある人材であったかをアピールしようとする人間がいるが、それは逆にまわりの反発を招きやすい。意欲を示すことは大切だが、それを表明するたびに「前の会社」という小道具を入れてはならないのだ。

まずは新参者の心構えを忘れないこと。同業他社なら準備期間は短くてすむが、他業種となるとそうはいかない。他業種であっても、総務・経理など、業務内容に共通性のある部署ならいいが、たとえば営業職となると、転職の場合、いくらか時間がかかる。

営業職で売る商品が異なれば、商品知識の学習、営業のノウハウ、顧客のタイプなど一からのスタートとなる。技術者なども手がける製品が違えば、その学習に時間を要するだろう。これは覚悟しておいたほうがいい。

仕事の面ばかりではない。その会社の慣例、社員同士のつきあい、雰囲気などまったく異なるということも心得ておかねばならないだろう。

功を焦るあまり、仕事であれ、人間関係であれ、これまで培った自分流での見切り発車は、折り返し人生のスタートで事故を招くことになる。

携帯電話の世界で「日本メーカーのガラパゴス化」が指摘されて久しい。ガラパゴス島は各大陸から遠く離れた場所に位置しており、天敵となるような陸生の哺乳類《ほにゅうるい》が生息していなかったために、固有種が独自の進化を遂げた島である。世界市場を意識しなかったゆえに、苦戦を強いられている日本の携帯電話メーカーを、ガラパゴス島の生物になぞらえて評したものだ。

日本の携帯電話メーカー各社は、多くの外国人に比べてメカに強い日本人だけを対象に高品質、多機能の機種を競って開発した。だが、そうした携帯電話が世界ではまったく通用しない、ガラパゴス化とは、日本の商品が売れない、求められていないという現実から生まれた言葉である。

この話は、転職にも相通じるものがある。新しい会社で折り返しのスタートを切るなら、まずは自分がガラパゴス島の生物かもしれないという冷静な視線が必要だろう。脳をリセットしてほかの島での生き方を考えなくてはならない。

適応力さえ身につけていれば、新しい会社が、以前住んでいた「特殊な島」よりも、自分を大きく進化させてくれるステージになるかもしれない。リストラによる転職、会社都合の転籍、出向、左遷でも、その新天地でひと花咲かせるかどうかは、この心構えを持てるかどうかにかかっている。

自信過剰で「不遜」になっていないか

相手の職業や地位、学歴、財産などによって、接する態度が変わる人間が私は好きではない。あなたの会社をはじめ、身のまわりに、そういうタイプの人間はいないだろうか。

先日、電車のなかで気分の悪くなる会話を耳にした。四〇代後半か五〇歳くらいか。同じ会社の同僚同士だろう。

「そういえば、○○のカアちゃん、ラブホの受付やってんだって」

「エッ、ウソ。いくら給料下がってローンが大変だからといって、そりゃないだろ」

「つきあい方、変えなきゃな」

あとは聞くに堪《た》えない下品な笑い声が聞こえた。「カアちゃん」とは、奥さんのことだろう。ラブホテルの受付の仕事のどこがいけないのか。私は他人の仕事のことをとやかくいう人間が嫌いである。そして、そういう人間は必ず自分が見下す職業に対して非難がましい言葉を浴びせ、そんな職業についている人に横柄な態度で接する。

実際、私はそんなタイプの男がビルの清掃業の女性に、きわめて無礼な態度で接するシーンに遭遇したことがある。

ある会社を訪れた。そこの社長との打ち合わせのためである。一階のホールでエレベーターを待っていると、エレベーターが開くか開かないかというとき、なかから罵《ば》声《せい》が聞こえてきた。

「誰のおかげで仕事ができると思ってるんだよ。まったく、臭いったらありゃしない」

「……すみません」

そんなやり取りである。その社員は私を認めると、表情を変え、バツの悪そうな顔つきでその場を足早に立ち去った。

エレベーターに同乗していた初老の女性に尋ねてみると、途中から乗って来たその社員は、彼女が運んできたゴミ収集用のワゴンから発する臭いに怒り出したというのである。誰かほかの社員が捨てた生ゴミでも残っていたのだろう。その女性にとっては、理不尽な話である。

「そりゃひどいね」

私はそんな言葉をかけた。彼女は自分の仕事をしているだけだ。気の毒だなと思うと同時に、その社員に対する不快感がこみあげてきた。

「いえ、あの人には慣れていますから……」

彼女は悲しげな表情を浮かべていた。

社長室での打ち合わせが終わったあと、私はエレベーターでの出来事を話した。

「どんな男でした？」

「どんな男といわれても……」

その人物の特徴を思い出そうとしている私に、社長はその男が誰だか思い当たるらしく、年齢、身長、体型、顔つきなどをいいはじめた。私が見かけた、まさにそのとおりの人物である。

「いや、お恥ずかしい。○○といいまして、日ごろから無礼な態度をとる人間でして、社内の悪評も私の耳に届いています」

社長の説明による人物像を端的にいえば「無能」「尊大」「ぶら下がり」のようである。こういうタイプで仕事のできる人間を私は見たことがない。ちょっと大げさだが、「正義」を生き方の基本に据えている人間から見れば、このような差別をする人間は、もっとも許せないタイプである。

だが、まわりを見渡してみると、四〇代、五〇代の男性にはこういう人間が少なくない。

会社で実績も上げた、そこそこの役職も得た、人並みの暮らしを家族にさせている――。人生の折り返し点に到達した人間のそうした経験が、ときに「傲慢《ごうまん》」を生む。

知らず知らずのうちに人に対するモラルの箍《たが》が緩みはじめているのである。悲しいことに、本人は気づいていない。コンビニやレストランなどで、あなたは従業員にどんな態度で接しているか。

地位や年齢とともに社内、社外を問わず、人間関係、上下関係も変化する。人によっては自分のなかで、自信が過信、不遜、無神経、差別、偏見に変質する。

こういう生き方をしていると、いつか人生に用意された落とし穴にハマってしまう。私はそういう人間を数多く見てきた。そんなとき、誰もあなたを助けてくれはしない。自業自得なのだが、そのときになって気づいても、もう遅い。ふだんから言動に気をつけることだ。

「誰に対しても〝不遜〟な態度をとってないか」

ときに自問してみる必要がある。

もしかすると、ミドル世代のあなたが、いま悩んでいる人間関係のトラブルは、そんなことが原因で生じているのかもしれない。

不遜な態度は本人も知らないうちに生まれてくる。

社内での自分の評価は「よくて五掛け」

人間は、いつでも自分のことで忙しい。

どんなに親しい人間でも、どんなに思いやりに富んだ人でも、他人のことなどそれほど気にかけてはくれないものだ。

「今日はヘアスタイルがキマッてる」「ここ二週間、酒と油ものを控えたから、顔が引き締まっている」「エステに行ったせいかしら、お腹のラインがずいぶんスッキリした」「今回のネイルアートはうまくいったわ」……。

ちょっと変わってやろうとがんばって、かなりの結果を出した。まわりの驚きを期待したが、何のコメントもない。ならばと、自ら話してみる。「えっ、気がつかなかった」。そういわれて落胆する。「いわれてみれば、そうかな」くらいの反応があればいいほうだ。そんなのはよくあること。家族や恋人同士ならちょっと寂しいが、会社の人間関係など、おおよそはその程度のものだ。他人に期待するほうが、まず間違っている。

仕事における実績とまわりの評価も似たようなところがある。自分にとってはとてつもない成果だと思っていても、まわりはそれほど感じない。

「他人の目は、自分で下す評価のよくて五掛け」

私はつねづね、そういっている。

「そのとおりです。それを実感しました」

以前、ある異業種交流会に招かれて、そんな持論を話したところ、ある参加者からそういわれた。彼は当時四四歳、コンピュータソフトを開発する会社のエンジニアである。

ポストは開発部シニアディレクター。有名大学の工学部大学院修士課程の出身。入社以来、ヒット製品の開発に携わり、同期入社組では比較的早く出世の階段を上ってきた。

彼が現場のチームリーダーになってからも、開発してきたソフトは次々にヒットし、会社の業績にも大きく貢献してきた。取締役昇進も見えてきた。「次の株主総会くらいには、ほぼ……」。彼はかなりの勝算ありと踏んでいた。

だが、目論見《もくろみ》はもろくも外れた。それどころか、同期入社の別のエンジニアが取締役に抜擢された。彼のショックは大きかった。大学の先輩で、尊敬している常務にその理由を尋ねた。その言葉に彼は衝撃を受けることになる。

「君のエンジニアとしての実績は取締役全員が認めている。十二分に……。だが、役員としては資質に欠けるものがあるんだ」

日ごろから畏敬《いけい》しているといっても過言ではない先輩の言葉に、彼は色を失った。

「自分は強く推《お》したのだが、力及ばず……」くらいの言葉を期待していただけに、なおさらである。数字で見ても、開発した製品の貢献度は、役員に昇進した人間とは比較にならない。だが、先輩の次の言葉がショックに追い打ちをかけた。

「君がチームリーダーを担うようになってから、君のチームに配属になった人間が何人、会社を辞めたか知っているか」

考えてもみなかったことである。売れる製品開発のために、寝食を忘れて仕事に没頭した。自分の発想も開発のノウハウにも自信があった。いい製品を開発するためには部下にも自分と同じレベルを要求した。ときには厳しい叱責もした。エンジニアとしては当然のことだと思っていたのである。

辞めていった人間は一〇年間で一二人。どこかで、能力の劣っている人間は不要と考えていたのかもしれない。

「うちのようなベンチャー企業に毛の生えた程度の会社では、採用した人間が辞めていくのは困るんだよ。組織の基盤は人材だ。会社の連中が陰で君を何と呼んでいるか知っているか。『ギロチン』だよ。人を育てられない人間は役員にはなれない」

反論できなかった。数日間休みをもらい、彼は考えた。

「私はとんだ勘違いをしていました。仕事ができると自惚《うぬぼ》れて、部下や同僚、ほかのセクションの人間のことなど眼中にありませんでした。いま考えれば、イヤなヤツだったと思います。きちんとした人間関係を築けなければ、人材育成どころではないということです。結果として、自分が思うほど評価はされていなかった。おっしゃる五掛けどころか、もしかすると二掛け、三掛けだったということですよ」

会社の人間関係にはいろいろある。対同僚、対部下、対上司、役員対社員、あるいは自分の部署対他部署、経営者対労働組合という関係もある。こうした関係が円滑に動いてこそ、組織は伸びるのである。

会社はチームプレーである。ヒット製品の背景には、彼が考えていたように「俺が開発した」と考える人間もいれば、「俺が材料を手配した」「俺が銀行から融資を引き出した」「俺が売り先を見つけてきた」という人間もいる。セクションすべてに人間がいて、その数だけ「手柄話」が存在するのである。

だが、手柄話とは欲目に見た自画像のようなものである。どんなにうまく描けても、現実の自分には似ていないもの。そんな自画像を描き、周囲の人間に見せて「似てるでしょう?」といっても軽蔑されるだけだ。それこそ自画自賛である。

プロの画家は別として、本当に似ている肖像画は他人にしか描けないものだ。それが、自分が思っている五掛けの表情なら、まずは合格。それ以上の男に描いてもらいたければ、人間関係の築き方が大切になる。

とくにミドル世代は、下の世代に対してはフェアに、気長に対応することが求めれる。

「左手は右手ほど巧みではない。だから、しばしば右手より役立つのだ」

二〇世紀はじめのスイスの画家パウル・クレーの言葉。なかなかいいことをいう。

器用で便利な右手のような部下ばかりではなく、左手のような不器用で使い勝手の悪い部下でも能力も引き出す。こういう部下があなたを慕ってくれれば、きっと出来のいいあなたの肖像画を描いてくれるに違いない。

女性の能力を引き出せますか

当然のことだが、組織というものは機械ではない。感情がある人間の集まりである。組織をうまく動かすためには、ミドル世代の中間管理職は上にも下にも気配りをしながら、円滑な人間関係を築き上げることが求められる。

職場の人間関係がギクシャクしていると、仕事そのものにも不調が生じる。うまくいかない人間関係の当事者が自分でなければ、放っておく手もあるが、自分との関係がうまくいかないときは頭が痛い。

とりわけ男性の場合、その相手が女性の上司や部下となると、さらに厄介だ。次第に感情的な部分での冷戦状態となり、仕事どころではなくなるだろう。気の弱い男性なら、出社拒否にもなりかねない。まさにミドルエイジ・クライシスである。

かつての男性中心社会とは違い、いま女性の社会進出は当たり前のこと。多くの経営者が自社で働く女性の能力を高く評価しており、一部の職種を除けば、女性のパワーを活用しなければ、会社もうまく立ち行かない。

女性社員だからといって、「お茶、お願い」「はい、これコピー」というひと昔前の常識は通用しない。

私はこうした社会のトレンドを大いに結構なことだと思っている。私の仕事関係でも、できる人間を比率で考えると、男性より女性のほうが高いと実感している。

いまのビジネス社会における二〇代、三〇代の多くは「女性だから、男性だから」という性別で物事を判断する意識は希薄だ。だが、ミドル世代にはいまだ根強く残っているようだ。会社で円滑な人間関係を築く使命を持った立場にあるならば、旧態依然とした女性観はただちに捨て去るべきである。

だからといって「性別を意識するな」ということではない。女性社員には、男性社員のメンタリティとの違いをきちんと理解して対応せよということ。

なんといっても男性に比べて、女性は神経が細やかである。男性がまったく気づかないようなことにも気づく。周囲への観察力、その後の判断力、気配りという点で、男性よりも優れていると自覚しておいたほうがいい。そうした男女の違いは、別項で触れるが、単なる私個人の印象ではなく、脳の構造にも関係することのようだ。

では、具体的にどんな対応が求められるのだろうか。

女性と円滑なコミュニケーションを図り、その能力を活用するために、私はつねづね次の五つのことを心がけている。

・服装、メイク、香水など、変化に敏感であれ
・とにかく相手の話を聞く
・仕事の結果について、必ず論評する
・叱責するときは感情を抑える
・体調について気配りを忘れるな

その理由を説明しよう。

女性は見かけなど、他人の変化について細やかな観察力を備えているだけに、同時に自分の変化にも気づいてほしいという願望もある。相手のいい変化のときは単純な感想でもいい。「今日は顔色がいいね」ぐらい。それ以上、余計なことはいわない。シンプルな感想でいいのだ。「コート買ったの？」「あれ、香水変えた？」……。

女性は「人が私をどう見ているか」という思いも強い。それを踏まえて親身になって話を聞く。そして、それに対する意見、評価をきちんとすること。

また、「好かれているか、嫌われているか」という判断基準を持ち出しやすい。だから、称賛するときは大げさなほどいいが、叱責するときは冷静に本質的なポイントだけを簡潔に指摘する。好き嫌いの問題ではないことを理解してもらう。絶対に避けなければいけないのは、何もコメントしないという態度。人間、とりわけ女性は「嫌悪」よりも「無視」されることに屈辱を感じる。

体力や体調の面では、男性よりもはるかにナイーブな部分があるから、それはつねに留意して気遣うこと。

この五つのポイントを心がけて、女性社員に接していれば、それほどギクシャクした関係になることはない。

こんな女性観と一脈通じるテレビCMがあった。

篠原涼子《しのはらりょうこ》さん演じるキャリアウーマンが忙しそうに働いている。上司が名前を呼ぶ。「この忙しいのに雑用か」と彼女は不機嫌に振り返る。すると、その上司は彼女の労をねぎらうように、自分でいれてきたコーヒーを彼女のデスクに置き、素早く立ち去る。彼女は想像もしなかった上司の振る舞いに「やばい！　グッときた」と独り言。

「女性部下の気持ちをつかむのがうまい粋《いき》な上司」の姿が伝わってくる。なかなかいいCMだった。

CMのように、上司の気配りを即座に感じ取る女性社員は少ないかもしれない。だが、仕事を成功させるためには、女性のパワーやスキルを上手に引き出すことが、中間管理職にとっては欠かせない要素だ。それがミドル世代の務めというものである。

ただし、変化に気づいたからといって、何でも口に出していいわけではない。

「あれ、二日酔い？　はれぼったいね」「元気ないね。彼氏と別れたの？」。こんな無神経なコメントをしているようでは、中年の危機を乗り切ることはむずかしい。逆にドツボにはまる。セクハラ上司と呼ばれかねない。

とにかく、女性に対しては言葉遣いに注意すること。これが一にも二にも大切なポイントである。

酒席で時間をムダ遣いしてはいけない

ひと昔前に比べて、中高年の時代は長く感じるかもしれないが、際限なく長いわけではない。充実した時を過ごそうと思うなら、有効な時間の使い方も考えなければならない。

知人との会食でも、堂々巡りするような、新しい発見もないような時間は減らすにかぎる。友人や知り合いとの酒席は楽しいが、時間が長くなったり、あまり頻繁《ひんぱん》になると新鮮さが失われる。

別に自分は偏屈な男だとは思っていないが、私は知人との会食や酒の席が長くなるのは好きではない。仕事関係の親しい人間と会っても、食事のあとバーなどに一軒寄って、たいていは別れる。長くて二時間半くらいが限度だ。

酒は嗜《たしな》むが、決して酒豪ではない。だから酒好きの「長っ尻」につきあうのが苦手ということもある。

だが、長い酒の席を好まない最大の理由は、そういう席での話のほとんどが面白くないからだ。なぜ面白くないかといえば、昔話が多いからである。

「へー、川北さんとは二〇年以上おつきあいさせていただいていますが、そんな話は初めて聞きました」

つい、最近もそういわれた。ある会食の席で、たまたま、亡くなったとある有名俳優の名前が出た。新聞記者時代に親しいつきあいをしていたことを少し話したのだ。そういう仕事なのだから、つきあいがあることは別に自慢でも何でもない。だが、それを聞いた相手は膝を乗り出して興味津々。いくらかエピソードを紹介して話題を変えた。昔話は好きではないからである。

酒の席で事実を知らない相手に昔話をはじめると、知らないのをいいことに、ふつうは話を大げさにしてしまう傾向がある。結果、自慢話になりやすい。ロシアには「釣りの話をするときは両手を縛れ」ということわざがあるという。「逃がした魚は大きい」と同様、自慢話は誇大表現がつきもの。ウソとはいわないが、脚色も入ってくる。あとになって思い出して、イヤな気分になる。それに、自慢話をして人間関係が悪くなることはあっても、よくなることはない。

失敗談はかまわないが、自慢話は極力避けること。

昔話も似たようなものだ。人によっては、以前聞いた話を何回も繰り返す。初めて耳にするように対応するのも面倒くさい。

酒の席で、家庭のことを長々と聞いたりするのも、面白くない。だから、私も自分の家庭の話などほとんどしない。

中高年だけの酒席となると、メンバーによっては自分がどんな病気をしたかという話と、いかに孫が可愛いかという話が多くなる。これもそう長くは聞いていられない。自分が聞きたくない話は、相手にもしないことだ。

「今度、NPOで留学生の世話をしようと思っている」「日本中をクルマで回るつもりだ」「フランス語の勉強を始めた」「先週読んだ〇〇の時代小説はなかなかいい」「昨日、ジャズを聴きに行った」……。そんな新しい話ならば聞いていて楽しいが、回顧談や手柄話、面白くもない私小説のような話にあまり多くの時間を割きたくないのが本音だ。

そんな時間があるならば、気になっている映画を観たり、話題の本を読む時間にあてたほうがいい。明日という日は無尽蔵にあるわけではない。前向きな行動に有効に時間を割く意思も必要だ。

ミドル世代にとって、旧交を温めることは大切だが、面白くもない話の繰り返しに多大な時間を費やすのはやめておいたほうがいい。

「もう少し話したかったな」

そう思うくらいがちょうどいい。名残惜しいくらいで切り上げるのが、いい人間関係を長続きさせるコツでもある。

「陰口」は楽しいが、相手を選べ

「陰口はいけない」

子どものころから、そう教えられてきた人は多いだろう。だが、多くの人はこれがなかなか守れない。なぜなら、陰口は楽しいからである。自分のことはさておいて、好き勝手に他人の失敗や失点をあげつらい、優越感に浸れるわけだから、好きな人はやめられないだろう。

実際、対象となっている人物はそこにいないのだから、反論もされないし、殴られることもない。

考えようによっては、こんなに楽しいことはない。些細な失敗、小さな欠点、ちょっと変わった性癖などをその場の雰囲気で話のツマにするのは、円滑なコミュニケーションのためには必要なときもある。

だが、タチの悪い人間は、陰口を情報操作の手段として使う。特定の人物を陥《おとしい》れるためにやるのである。「ここだけの話ですが」「誰にもいわないでください」と前置きし、心の底では話が広がることをはじめから意図してやる。

一方、陰口を聞かされた人間は、その内容だけはしっかりと覚えているが、「ここだけの話」「誰にもいわないでください」という言葉はすっぽりと忘れてしまうことが多い。

人によっては拡声器よろしく、その話の喧伝《けんでん》に励む人もいる。そうなれば、ターゲットにされた人間はたまらない。わずかなひと言やちょっとした失態がもとで、いつの間にか悪人にされてしまうからだ。

もっとも、世間はそれほどバカではない。無類の陰口好きは社内にかぎらず、信頼されることがない。会社においては、間違いなく仕事のできない人間の部類に入れられる。もちろん、プライベートな関係でも深い信頼関係をつくれない。そのことをいちばんよく知っているのは、じつのところ当の本人なのである。

まわりから慕われず、尊敬されていないことを知っているから、ウソや陰口でなんとか評価を得ようとするのである。

私自身、そもそも新聞社を辞めるきっかけになったのは、上司の陰口である。いま思い出しても、驚くほど狡猾《こうかつ》な手法を身につけた男だった。気がついたときには、社内の情報操作は完了していた。もちろん戦う選択肢もあったが、いかに狡猾であったとはいえ、それを真に受ける上司もいたわけだから、戦って残っても、意味のない新しい戦いが待っているだけ。もはやエネルギーの消耗戦でしかないと、私は腹をくくった。

私と同様に社を去った男もかなりいた。「悪は滅びる」のたとえどおり、私に責任を押しつけた上司もまもなく社を去った。

そんなこともあって、私は「ここだけの話」には本気で耳を貸さない。「誰にもいわないで」といわれたら「その自信がないから、聞かない」という。そんな枕詞のついた情報に、ろくなものはないと思っているからだ。

ただ、陰口の楽しさは捨てがたい。気の置けない間柄なら「あえて拒まず」のスタンスである。だが、守らなければならない原則がある。それは「あいつはバカだから」と笑っても許される話にかぎるということ。仕事に関係のある会社、世話になっている会社の話は「ノーサンキュー」だ。「一宿一飯」の恩義に背《そむ》くではないか。どうしても合点がいかないこと、不満があれば、私はストレートに相手にいう。

巡り巡って、他人の口を借りて相手に伝わる悪口がいちばん始末に負えないからだ。逆に特定の人間をほめるときは、第三者の口から聞かされたほうが、当人は印象深く受け止める。

たとえ、どんなに社内で不遇の立場にあっても、自分が属している会社の不満を陰でいってはいけない。ましてや外部の人間には厳禁である。

「陰口は楽しいものだ。人の噂が出ると、話ははずむものである。みんな知らず知らずに鬼になる。よほど批評したいものらしい」

昭和を代表する批評家小林《こばやし》秀雄《ひでお》の言葉である。「鬼」は誰からも愛されない。陰口は気の置けない間柄だけの「鬼ごっこ」にしておいたほうがいい。

酒ときちんとつきあえているか

「四〇代以上による暴力行為が増加」——鉄道係員に対する暴力行為の件数・発生状況について(二〇一一年度)の統計である。それによると、駅員への暴力行為の件数は過去最悪のペースで増えているという。

世代的には、四〇代から六〇代の中高年による暴力発生件数がもっとも多く、大半が酒に酔ってのケース。どんな悩みや不満を抱えているかは知らないが、許される行為ではない。しかも、仕事に疲れている働き盛りよりも、六〇代以上がいちばん多いとはいささか情けない。定年退職の年代ではないか。

「酒は飲んでも飲まれるな」

この常識すら成り立たなくなっているというのだから、寂しい話だ。

このようなケースでは、加害者の大半が、素面《しらふ》に戻ったとき酩酊《めいてい》状態をまるで覚えていないという。だが、被害者が加害者に対して思うことは一つだけ。

「あれが、あの人の本性ではないか」

人間にとって、酒はプラスとマイナスの両面がある。適度に楽しむなら、これほどありがたいものはない。ストレスの発散にもなるだろう。「百薬の長」といわれることもあるように、まさに薬としての価値もある。

ところが、飲みすぎて気分が大きくなり、他人に絡んでしまえば、これほど迷惑なものはない。

酔っ払いを「トラ」と表現するのは、水墨画にその起源があるようだ。水墨画では虎と笹はセットで描かれることが多い。酒という漢字は「ささ」とも読まれ、「笹＝酒」には、「虎＝酔っ払い」がつきものだということらしい。トラになった人間は二本の足では立っていられないほどになり、ときには凶暴で手がつけられなくなる。

「泥酔の翌朝に於《お》けるしらじらしい悔恨《かいこん》は、病んで舌をたれた犬のやうで、魂の最も痛々しいところに嚙《か》みついてくる（中略）悔恨と泥酔と、泥酔と悔恨と」（萩原朔太郎《はぎわらさくたろう》）

無謀な酒の飲み方は、周囲への迷惑ばかりか、自己嫌悪のもとにもなる。記憶がなくなるほど飲んだ翌日などは、自分の言動が思い出せず、恐怖すら感じる。人によっては常習となり、失態を何度も繰り返すこともある。

「またやってしまった……」

痴漢の冤罪《えんざい》と同じで、一度捕まれば、逃れることのできないレッテルを貼られる酒のトラブル。これは確実に、人生の折り返し点で中高年をつまずかせる。

「酒癖の悪さや酒乱は死ぬまで直らない」

よくいわれることだ。私もそう思う。

かなり以前だが、この常識を見事に覆《くつがえ》した芸能人を私は知っている。ふだんは温和な人柄でスタッフや後輩の面倒見もいいのだが、一定量の酒が入ると突然、豹変《ひようへん》するのだ。

ある日、些細なことで付き人をビール瓶で殴り、そのあと後輩の仕事場に乱入して何時間も説教をしたことがあった。醒《さ》めてしまえば本人に記憶はない。

翌日、マネージャーからその話を聞いて、彼の才能を評価していた私は、このままでは身を持ち崩すと思い、彼に会って、伝え聞いた前夜の悪行のすべてを打ち明けた。私の話を聞いた彼の表情は瞬《またた》く間にこわばり、顔色は蒼白《そうはく》に変わっていった。

「ウソでしょう？」

「本当だ」

「大げさにいっているでしょう？」

「ありのままだ」

そんなやり取りのあとに彼は事実を受け入れた。

それ以来、彼は酒で失態を演じることはなくなった。それも、いとも簡単に成し遂げた。

酒をいっさい口にしなくなったのである。

酒癖の悪い人間の特徴は、酒に酔ったうえでの悪行を事実の半分も把握していないことである。自省するしかない。

「酒の席だから」「酔った勢い」がまかり通る土壌もある。だが、周囲の温情の裏には、間違いなく軽蔑の念が潜んでいることを知らなくてはならない。

「酔っていた」「記憶がない」は卑怯者の言葉である。「酒癖の悪い人」というレッテルを一度貼られてしまえば、それをはがすのは至難の業だ。たとえ酒の席で自分が被害を被ったとしても、まわりは決してそうは見ない。

金持ちはみんな幸福なのか

一生暮らしていけるお金や資産があるかないかということも、ミドル世代においては大きな問題だ。貯金もない年金も少ない、というのであれば、どんな仕事でも選《え》り好みせず、一生働いてその範囲で暮らしていくしかない。しかし、そうした人生が必ずしも不幸とはいえないだろう。「いくつになっても健康に恵まれ、働ける。それだけでも幸せだ」という価値観もある。

一方、傍から見ても幸せそうで、夫婦二人がそこそこ暮らしていけるお金や資産があり、年金もあるというのに、他人と比べて不満を漏らす人間もいる。「ゴルフ仲間のアイツはかなりお金を貯めているらしい」「親の資産をガッポリ受け継いだので悠々自適でいいな」など。まるで、大金持ちだけが幸せの頂点にいて、自分の幸福など取るに足りないものだとでもいうようである。

金がないほうが幸せだというつもりはないが、それなりのお金を持ちながら、自分よりも金持ちへの羨望《せんぼう》や妬《ねた》みの念を捨て切れずにいるとすれば、それはとても不幸なことだ。

ずいぶんと以前の話だが、大学時代の同級生で変わった男がいた。お金を使わない人間をケチと呼ぶなら、彼こそまさにドケチの典型だった。

日本において大学生活といえば、なかば「遊び」である。欧米の大学は卒業するのがなかなかむずかしいが、日本の大学は入学してしまえばこっちのものという感じがある。もちろん、勉学に励んでいる学生もいるにはいる。だが、少数派だろう。

私の学生時代も遊び中心の毎日だった。

私は経済学部の出身だが、まわりにいる親しい友人たちはほとんどが遊び優先の学生だった。女性とのつきあい、仲間うちでの飲み会、あるいは麻雀、ビリヤード。遊ぶことばかりを考えていた。そのためにアルバイトに精を出し、遊ぶためのお金を稼いでいたものだ。

同級生のなかにケチで有名なその男がいた。彼もアルバイトをしていたのだが、遊びはもちろん、とにかくお金を使わない。何でも江戸時代から代々続いた大名の血筋で、都心の高級住宅地に屋敷を構えるほどの、いわば名家である。出は申し分ない。傍から見れば大変な資産家で、なぜそんなにケチケチするのかまわりの人間も理解に苦しんでいた。

「おまえ、なんで金を使わないんだ？」

私の友人が尋ねた。

「俺、相続税が大変なんだ。だから、いまから金貯めないと……」

驚くべき答えが返ってきた。

学生にとって「相続税」などというのはまったく違う世界の言葉だ。聞けば、家屋敷はあるが、父親が事業に失敗し、重い病で入院。預貯金を含めた現金はそれほど残っていないのだという。ふつうなら、家屋敷を売却して家計を立て直せばいいと思う。だが、名家には名家ゆえの事情がある。病に伏した父も含めた親類縁者が、代々守り続けてきた家屋敷の売却には首をタテに振らないのだ。

相続税は税率も高い。物納の手立ては家族によって閉ざされている。後継ぎとして残された一人息子の彼は、やがて来る相続の日のために、何とか相続税を現金で払い家屋敷を守ろうと、せっせとお金を貯めているというのだ。ウソのような本当の話である。

自分がその立場だったら、まわりが何といおうと家屋敷を売り払って、税金を払い、身の丈に合った家を買い替えるだろう。それでも結構なお金が手元に残る。万々歳ではないか。好きな洋服を買い、好きなものを食べ、好きなところへ旅に出かけ、勝手気ままな生活ができる。

だが、彼は私の想像を超えた苦悩を抱えていたわけである。私はそのとき思った。

「金持ちには、金持ちのとんでもない悩みがあるものだ」

お金や財産は大切なものだ。それによって、叶えられることもたくさんある。だからといって、絶対的なものではない。生まれながらにしてお金に囲まれた人生を送っていれば、ふつうの生活を送っている人間にとっては大金である一〇〇万円でも、その人間にとっては端金《はしたがね》である。だが、両者のうち、どちらが幸せであるかはわからない。「お金がない」という不平は、貧しい人間よりもかえって金持ちの口から多く出るというではないか。

要は自分に備わった経済力を支えにして、どんな人生を送り、どんな満足感を得られるかなのである。それはお金の多寡《たか》や持っている財産とは関係がない。

先の大学の同級生が、その後どんな人生を送っているか聞いたことはないが、彼があのまま考え方を変えなかったとしたら、幸福なのは彼ではなく、壊されずに残った家屋敷だけなのではないだろうか。

「お金があれば、かなりいい犬を飼うことができる。しかし、お金で犬に尻尾を振らせることはできない」

アメリカのユーモア作家ジョッシュ・ビリングスの言葉である。

お金は絶対的な力にはなりえない。あれば越したことがないのは事実だが、さらに上を見て不満や妬みを持つような人生はつまらない。いかに大金持ちの血筋とはいえ、六〇歳を超えても、何の疑問も抱かずに何億円もの「お小遣い」を母親からもらっていたと公言するような御仁もいる。

お金というのは「使ってなんぼ」のものだ。いまあるお金が多いか少ないかではなく、自分が欲しいと思うものが買え、どこへでも行きたいところへ行き、食べたいときに食べたいものが食べられる、それがお金持ちではないだろうか。

自分が死んだとき、お金がたくさん残っていても意味がない。家族が困らないだろうと思えるお金があれば、それで充分ではないか。お金は使ってこそ幸せになれるのだ。したがって、お金で買える幸福は買ったほうがいい。

断定的な言葉は自分を不自由にする

ちょっとしたきっかけで食べ物の好みが変わることがある。

死ぬほど好きだった生牡蠣《なまがき》でも、食中毒になれば二度と口に入れたいとは思わなくなる。「人間が食べるものではない」くらいに思っていたゴルゴンゾーラも、惚《ほ》れた女性の大好物であれば、我慢して食べているうちに美味しさに気づき、病みつきになることもあるだろう。

食べ物の好みにかぎらず、趣味、ファッションなども変わってしまうのはよくあることだ。人間への評価、好き嫌いなどもそうだろう。あっという間に変わる。人間とはそういう動物なのだ。

「冬のあとには春が来るのだ」

作家、有島武郎《ありしまたけお》の言葉だが、「寒い、寒い」とぼやいていた人間が、いつの間にか

「暖かい」といいはじめる。人間の心も季節の移ろいと同じようなものかもしれない。

だから、人生は面白いともいえる。よく、何事につけ「ブレない」とか「信念がしっかりしている」などと評される人がいるが、場合によっては、新しいもの、異質なものがわからない、ただ頭の固い人かもしれないのだ。

とにかく、人間は気まぐれだ。だが、食べ物の好み程度なら大した問題は起きないが、会社においての人間評価の気まぐれ発言には、注意を払ったほうがいい。

「アイツは絶対にダメだ」

いま一つパッとしない部下を、一度や二度のミスで「ダメ社員」と広言してしまったとする。だが、その部下がとてつもないビジネスを成功させてしまったら、どうするか。一度、口に出した手前、どう対処したらいいか困ってしまう。

なぜ、そうなるか。口に出してしまったからである。それも「絶対」などという言葉をトッピングしてしまったから、大変である。いちばんいい対処法は、素直に謝罪して評価を撤回すること。だが、上司としての沽券《こけん》にかかわるからと、それができない人間もいる。

人によっては、ビジネスの成功を喜ぶよりも、自分の下した部下への評価に固執し、あろうことか重箱の隅をつつくようなあら探しを始める。あるいは、情報を狡猾に操作して、上層部には自分の手柄として報告するような愚行を犯す人間も少なくない。ウソつきの卑怯者になりかねないのである。気まぐれ発言は、上司としての資質が問われる重要な問題なのだ。

男性の場合は、女性に対する好みもそうだろう。「グラマラスな女性が好き。ヤセた女性とつきあう男の気がしれない」などと広言していたら、自分の想像を超えた魅力的な女性が現われた。ところが、ヤセ型だった。そして、相手が自分に好意を寄せていることを知る。だが、かねてからの発言もあって、ためらっているうち他人にとられてしまう。「女はみんな好き」といっておけば後悔しなくてすんだのに、である。

いささか極端な例だが、一時の好みや評価をあまり断定的に広言しないほうがいいということだ。

好みや価値観の変化はいつでも人間に起こりうるが、とくにある年齢の境界線で生まれることが多い。四〇代からの時期がまさにそれである。体力の減退、健康状態の不調、意欲の喪失、そんな要素が考え方を転換させる。この時期は「何が起こるかわからない」と肝に銘じておかなければならない。

若いころから、自分の価値観の選択肢を狭めるようなことはしないほうがいい。絶対的な価値観の表明など、自分をただ窮屈にするだけだ。

「決して、あきらめるな、絶対に、絶対に、絶対にだ」

イギリスの元首相ウィンストン・チャーチルの言葉がある。チャーチルはナチスドイツとの戦いで、劣勢な状況でも国民を励まし勝利を疑わなかった。結果、連合国アメリカとの協力で土壇場で勝利する。戦後、その経験を踏まえて、ケンブリッジ大学の卒業式で来賓スピーチとして述べた言葉だ。こういう「絶対」なら許される。

選挙の公約やマニフェストはリップサービスではない。一度出た言葉は回収できないのだ。一国の長が自分の言葉を裏切るなら、まわりからの軽蔑という高い代償を払わなければならない。

確固たる自分の信念があればいいが、ことに人物評価は簡単に下さないほうがいい。絶対的判断をいったん留保する。ミドル世代には必要な生き方といえる。

第3章 失われた時間は取り戻せる

——ミドルエイジ・クライシスをいかに乗り越えるか

「人生二人分の時代」を有意義に過ごせ

日本人に好きな歴史上の人物を尋ねると、必ず上位に入ってくるのが幕末の志士、坂本《さかもと》龍馬《りようま》だ。

二〇一〇年に放送されたNHK大河ドラマ『龍馬伝』の影響もあるだろう。ドラマでは長崎時代の龍馬の活躍も描かれ、龍馬を演じた福山雅治《ふくやままさはる》さんが長崎出身であることも手伝って、長崎市内では一八二億円に達する経済波及効果があったと試算されている。

世代を問わず愛されている龍馬だが、その人気に疑問を投げかけるのが、精神科医で評論家でもある野田正彰《のだまさあき》さんだ。新聞のインタビューで、「三〇代前半で暗殺され、中年以降がない龍馬は青春像そのもの」であり、それにしがみつくのは「成熟拒否の表われ」と分析している（二〇一〇年一〇月五日朝日新聞）。なかなか面白い見方だ。

薩摩と長州の同盟を仲介し、「船中八策《せんちゅうはっさく》」を起草、幕府の大政奉還に尽力した龍馬。「日本を今一度せんたくいたし申候」という志《こころざし》を持って幕末を駆け抜けた風雲児であり、しがらみにとらわれず自由闊達《かったつ》なところが、多くのファンを惹《ひ》きつけるのだろう。

だが、もし龍馬が四〇代、五〇代と生き続けていたら、必ずしもいま伝わっているような颯爽《さっそう》としたイメージのままではいられなかったかもしれないというわけだ。

中年、あるいは壮年になったと自覚したとき、過ぎてしまった青春時代は、希望に満ちあふれていた時代であり、もう二度と手に入らないかけがえのない時間であったという思いにとらわれる。

だが、輝かしい時間が遠くなってしまっても、人生はまだまだ続いていく。そんな現実を突きつけられるのも、「ミドルエイジ・クライシス」の一面だ。

日本人の平均寿命は、男性が七九・四四歳、女性が八五・九〇歳である（厚生労働省「平成二三年簡易生命表」）。龍馬が暗殺されたのは三三歳。龍馬より長生きし、

「維新の三傑」と謳われた西郷隆盛《さいごうたかもり》、大久保利通《おおくぼとしみち》、桂小五郎《かつらこごろう》（木戸孝允《きどたかよし》）も、みな五〇歳前後で亡くなっている。

江戸や明治時代の人たちよりはるかに長い人生を、われわれは生きることになる。それを無為に生きてしまうのは、じつにもったいないことではないか。

政治学者の姜尚中《カンサンジュン》さんは、ベストセラーとなった『悩む力』（集英社）のなかで、福沢諭吉《ふくざわゆきち》の「一身《いっしん》にして二生《にしょう》を経《ふ》る」という言葉を紹介している。

諭吉は人生の前半を江戸時代、後半を明治時代に生きた。江戸から明治へ、近世から近代へ、鎖国から開国へ、まさに激動・激変の時代にあって、自分は二人分の人生を生きたようなものだと表現したのである。

当時、五七歳だった姜さんは、その言葉にならって「これまでの人生とはまったく違うものに挑戦したい」と述べている。また、「『若さに無上の価値を置く』ような考え方を覆してみたい」ともいっている。

体力、精力、瞬発力などにおいては、ミドル世代は若い世代にはかなわない。だが、優れた点も数多くある。並の人生を送っていれば、知識や知恵、あるいは経験に裏打ちされた判断力、柔軟性、選択眼……誇るべき要素はいくらでもある。「もう若くはないから」などと悲観している暇はない。

昔の人に比べれば、寿命が延びた分、ミドル世代に与えられた人生の時間ははるかに長くなった。それは、自分のために生きる時間と考えればいい。しかも、「二生」の人生を始めるときには、充分に経験を積んでレベルアップした状態でスタートできるのだ。

ちなみに、龍馬の「その後」に関しては有名な逸話がある。

大政奉還後の新政府の役職案のなかに、龍馬自身の名は記されていなかった。それについて西郷が尋ねると、龍馬は「わしは世界の海援隊《かいえんたい》でもやります」と答えたというものだ。歴史に「たら、れば」はないが、もし生きていれば、七つの海を渡って活躍する世界的ビジネスマン坂本龍馬が、日本をもっと違った形に変えていたかもしれない。

このエピソードは後世の創作ともいわれるが、大政奉還で一つの役割を果たした龍馬が、原点に戻って大きな世界に飛び出そうとする姿勢は、いかにも龍馬らしい話として多くの人に受け止められている。

龍馬にはなかった後半の人生が、あなたにはある。もう一人分の人生をたっぷりと生きる心持ちになってみてはどうだろうか。

死ぬまで働く覚悟、死ぬまで遊ぶ余裕

二〇〇五年の国勢調査における、男性の「定年前後の労働力率」というデータがある。年齢ごとに仕事をしている人や、仕事を探している人の割合を示したものだ。

この労働力率、二五歳から五九歳までは九〇％を超えているが、六〇歳で八六％になると、そこから徐々に減少、六五歳で六〇％、七〇歳で四〇・一％になる。五〇％を切るのは六八歳だ。六〇歳、あるいは六五歳以降も仕事をしたいと考える人の割合は、定年の延長などもあってこれからも増加していくのではないだろうか。

こうした動きをどう見るか。私はいい傾向だと思っている。「経済的な不安がなくても、健康で体が動くうちは働き続けるべき」というのが、私の持論だからである。

もちろん、私自身もこれを実践し続けている。

「長年働きづめでやってきたのに定年後もまだ働くのか！」

そう嘆く読者もいるかもしれない。だが、定年後にのんびり暮らすという選択は、本当に楽しいものなのだろうか。

二〇一〇年にヒットしたNHK朝の連続ドラマ『ゲゲゲの女房』は、漫画家・水木《みずき》しげる夫妻の物語だ。漫画家の夫を支え、貧乏暮らしでも明るく生きていく妻——いささか古風な夫婦の姿ではある。だが視聴者の心をつかんだ。そのなかにこんなシーンが描かれていた。

不遇の時代を経て、ようやく『ゲゲゲの鬼太郎』や『悪魔くん』といった漫画がヒット。アニメや実写ドラマ化も重なって、一躍人気漫画家となった水木さんに仕事が殺到する。文字どおり寝る暇もないほどの忙しさに追われるのだが、そんな日々とは裏腹に、家のあちこちに「無為に過ごす」という言葉が書かれた紙が貼られている。

「一日中無為に、何もしないでぼんやりと過ごすと、実に楽しい気分になるから妙なものである。大体、人間そのものが無為に生まれたんだから、無為に過ごすのが天地自然の法則にかなっているのであろう」

水木さん本人が、そう語っている。

だが、妖怪ブームが去るとともに仕事が激減。連載も読みきり漫画の依頼もなくなり、あれほど忙しかった日々がウソのような状況になる。そのとき水木さんが無為に過ごすことを楽しめたかというと、そうはいかなかった。

ドラマでは、すっかりやる気を失って「本当は妖怪なんていないんだ」と呟《つぶや》き、大切なコレクションを見ても「みんなガラクタだ」といい出すなど、あれほどこだわり続けてきた世界観や価値観まで揺らいでしまう様子が描かれていた。

無為に過ごすと楽しいと感じるのは、忙しい日々があってこそだったのだ。無為に過ごす時間がいくらでもあると、その貴重さがわからなくなってしまうのだろう。

水木さんはその後、妖怪のイラストをじっくり描くことで自信を取り戻していく。依頼された仕事ではなかったが、時間に追われているときには実現できなかった精緻《せいち》な絵に取り組むこと、つまりライフワークに力を注ぐことが立ち直るきっかけとなったのだ。

定年後は、仕事はきっぱり辞めて、趣味や旅行を楽しみたいと考えている人もいるだろう。もちろんそれもいい。だが、毎日ゴルフや囲碁三昧、あるいは毎週旅行に出かける日々に充実を感じるものだろうか。お金があっても、そんなものは数年もしたら飽きてしまうだろう。

日本には昔から「ハレ」と「ケ」という考え方がある。民俗学者の柳田國男《やなぎたくにお》によって体系づけられた日本人独特の時間に対する世界観だ。「ハレ」は祭りや年中行事といった非日常を表わし、「ケ」は日常を表わす。

趣味や旅行というのは、人生に彩《いろど》りや刺激をもたらす「ハレ」に属するもの。日常のなかにふっと訪れるからこそ、楽しむことができる。

そして「ケ」のときに充実感をもたらすのが仕事ではないだろうか。

キャリアカウンセラーの戸田智弘《とだともひろ》氏は、『続・働く理由』(ディスカヴァー・トゥエンティワン)という本のなかで「『仕事』を介して〈自分〉と〈世界〉がつながるということは、歴史や社会の中に自分の役割を見つけることだ。役割は責任感を生み出し、責任感は生きる意欲につながる」と述べている。

趣味や旅行では責任感は生まれない。それをやるかやらないかは、個人の問題でしかないからだ。

だが、仕事は、それに関わるすべての人の問題となる。自分が果たす役割があり、必要とされているという思いが、仕事に取り組む意欲となるはずだ。

定年後も、いままでと同じ職場や似たような職種で仕事ができるなら、サラリーマンにとっては理想的だろう。それがむずかしいなら、ＮＰＯ法人やボランティアでもいい。収入の多寡ではなく、社会のなかに身を置くという視点から仕事を探してみることだ。それも、なるべくなら人に会う仕事がいい。

「ケ」という日常が続くかぎり「ハレ」を楽しむことができる。「この年で仕事はおしまい」と自らリミットを設けてしまうのではなく、人生の最後まで仕事も遊びも続けていく心構えをしておきたい。

そのための準備を始めるのは、ミドル世代のいまなのだ。

なぜ、あなたには友人が少ないのか

仕事でも何でも、うまくいかないというとき、友人は頼りになる。友は人生を豊かにしてくれる。

私は、かなりたくさんの友人がいるほうだと思う。年代、性別、職業、なかなかバラエティに富んでいる。自分自身、取り立てておしゃべり人間ではないと思うが、誰にでも話しかけるタイプかもしれない。人間という生き物が好きだからだろう。見ているだけでも面白いが、人間は話しても面白いのだ。

「袖すり合うも他生の縁」。だから、タクシーに乗ればドライバーに、新幹線に乗れば隣り合わせた人に、きっかけがあれば話しかける。

「今日、ヤクルト勝ちましたか」「どちらまでお出かけですか」「けさは寒かったですね」といった調子だ。もっとも、「野球と政治と宗教の話はしてはいけない」というのがタクシードライバーの基本的な心得だというから、タイプによっては「ラジオを聴いていなかったもので」と会話を終わらせるドライバーもいる。コミュニケーション拒否症のようなドライバーもいるから、様子を見て話したくなさそうだったら、目的地まで話しかけない。ケース・バイ・ケースだ。

なかには「ニュースでやっているかもしれませんから」とラジオのスイッチを入れ、チェックしてくれるドライバーもいる。私は東京ヤクルトスワローズが贔屓《ひいき》チームだ。勝敗の結果がわかれば野球の話題で話が弾《はず》むこともあるし、わからなくても別の話題で会話が始まる。コミュニケーション拒否ではなく、「応答の意思あり」を受け取る。

「そういえば、昨日、芸能人を乗せた」とか「渋谷から宇都宮までのお客さんがいて、疲れたけど稼いだ」とか、コミュニケーションが開始される。

聞いたこともない風変わりな乗客の話、こちらを思わずホロリとさせるような話、憤慨するような話など、バリエーションは豊富だ。昨今の多くのテレビ番組のようにつまらないタレント（タレントとはもともと才能という意味だから、おかしいか）が大声でわめいたり、バカ笑いをしているよりもはるかに面白いことがある。会話が弾んだことをきっかけに、名刺交換をすることもある。なかには、夜遅い帰宅のときなどに携帯電話で居場所を確認して、お互いに折り合えば迎えに来てもらうようなこともある。

最近、道を知らないドライバーが増えているなか、知り合いになれば、こちらも助かる。それに乗車していても、気心が知れているから疲れない。街を流していてもなかなか客を拾えない昨今、相手にとっても上客だろうし、行く先はわかっているから楽だろう。まさに一挙両得である。

ただ、タクシードライバーとの会話でも、やはり政治や事件などの話はしない。それは彼らがテレビなどで知った二次情報だからだ。何といっても興味が湧くのは「さっき乗せたお客さんがね……」といったドライバーならではの一次情報である。

とにかくタクシーのドライバーだけではなく、私には、こちらから話しかけたひと言をきっかけに始まった交遊関係がたくさんある。そのなかには、占い師、鳶《とび》職人、花火師、ディズニーランドのダンサー、パチンコの釘師などもいる。もし、私のひと言がなければ知り合うこともなかった異業種の人たちばかりである。

こうした交友関係は自分の視野を広げてくれる。物書きを生業《なりわい》にしている身としては、興味深い話がたくさん聞けて大いに役立つ。

「この方、どういうお知り合い?」

年賀状の整理をしていると、のぞき込んできた妻が怪訝《けげん》そうに聞いてくることがあるが、生きているなら、知り合いは少ないより多いほうが楽しい。

かなり以前の刊行だが、椎名誠《しいなまこと》さんの小説『新橋烏森口《からすもりぐち》青春篇』には、主人公がひょんなことから声をかけて知り合った、会社のある新橋界隈《かいわい》のホームレスたちと酒を酌み交わすシーンがある。なんと酒は近所のバー、クラブ、料理店のゴミのなかから集めてきたもの。空いた酒瓶の底に、わずかに残っていた中身をていねいに集めたものだ。

結局、主人公はお腹を壊してしまうのだが、こんな歓待は人に対する興味と自分からの声かけがなければ、めったに味わえるものではない。

とにかく友人関係を豊かにしようと思ったら、自らアプローチしなければならない。それがいいたいのだ。

友人のいない人の特徴は、「臆病」「無口」「好奇心が希薄」「行動力の欠如」「ケチ」の五つ。

「こんなことをいったらバカにされる」と臆病になり、無口になる。物事に対しては「きっと面白くない」と決めつける傾向がある。だから動かない。出費もまずはムダと考えるのである。これでは、人生つまらない。

「人生に必要なのは愛と勇気とサムマネー」

チャールズ・チャップリンの有名な言葉だが、人に対する愛情、言葉を惜しまない態度、話しかけて恥ずかしい思いをしてもかまわないという勇気、コミュニケーションの場を持つためのわずかな出費。それが友を得るためには必要だということだ。

友人が少ないことを寂しいと思っているなら、先の五つの特徴に当てはまるような生き方をしてこなかったか、胸に手を当てて考えてみるといい。もしそうなら、これからはチャップリンで生きてみる。友人は人生を豊かにする一生ものの財産だ。人生の折り返し点を過ぎたいまからでも遅くはない。チャレンジしてみてほしい。

人生に「表と裏」をつくりなさい

二〇一〇年にノーベル化学賞を受賞したアメリカ・パデュー大学の根岸英一《ねぎしえいいち》特別教授は、受賞後の講演のなかで、幸福を実現するための要素として、「健康」「家庭」「仕事」「趣味」の四つを挙げている。そのうえで、仕事と趣味をできるだけ融合させることが望ましいといっていた。

「仕事が趣味になったとき、しかもそれがうまくいくとき、人生は非常に豊かなものになる。そう思って努力している」

日本の多くの男性が、一日二四時間の三分の一、通勤時間も含めればそれ以上の時間を仕事のために費やしている。それだけの時間を使うのだから、「仕事が趣味」といえるほど、脇目も振らずに打ち込めるなら幸せなこと。しかも、それで自他ともに満足のいく実績を収めることができるなら理想的だ。

しかし、本当の意味で、仕事を趣味にできる人は、ごく一部ではないだろうか。たとえば、プロスポーツ選手、俳優、音楽家、芸術家、棋士など、好きな分野で存分に才能を発揮し、その収入だけで暮らしが成り立つ人たちだ。

一生続けることができる研究者も、根岸教授のように研究対象にのめり込むことができるなら趣味を仕事にしたといえるだろう。

だが、誰にもできるわけではない。

「まず自分が好きなことは何なのか、その次にその好きなことを自分はよくできるかどうか、自分の資質をある程度客観的に見てみることだ。(中略)自分のやりたいことができなければいけない。『できる』というのは資質が半分、とことんのめり込んで努力することが半分だ」と根岸教授は述べている。

ミドル世代の心の揺れには、好きなことを仕事にできなかった不満もくすぶっているのではないだろうか。たとえいまは「仕事が趣味」と思えていても、定年を迎え会社を離れてからも同じ仕事を続けるのはむずかしい。それなら、仕事と趣味を融合するのではなく、仕事も趣味も両方楽しむ人生を目指せばいいのではないか。

仕事が趣味という根岸教授だが、じつはほかにも趣味を楽しむ人でもある。受賞の取材を受けたとき、根岸教授は自宅のグランドピアノで演奏を披露した。弾いたのはショパンのワルツ。その堂々たる演奏ぶりに感心させられた。

研究で超一流の業績を成し遂げる一方、一生の趣味として楽器の演奏を嗜む。音楽を聴くのは好きだが、楽器演奏に縁がなかった私には、さらりとピアノを弾く姿は、何ともうらやましくカッコよく見えた。

ミドル世代なら、仕事に費やす時間がもっとも多い日々がまだまだ続く。それを「表」として仕事に取り組むとともに、それ以外の時間にあたる「裏」の人生を充実させることにも心を向ける時期にきているのではないか。

NHKの『極める！』という番組を見たことがある。あるモノやコトにこだわる著名人が、さらにそれを極める旅をするというコンセプトで作られている。

芸人であり俳優でもある石井《いしい》正則《まさのり》さんが極めるのは「珈琲学」。これまでも自ら豆をひき、美味しいコーヒーの淹《い》れ方を〝自主トレーニング〟していたそうだが、番組を通じ専門家の豆選びや焙煎《ばいせん》の方法など本格的なこだわりを学んでいく。さらにカフェの歴史、コーヒーによる健康効果など、あらゆる角度からアプローチしていくのである。

たしかに、何事もこだわって極めれば奥は深い。こうした自分なりの楽しみを、いまはブログなどで世界中に発信することも簡単にできる。もちろんネット上には膨大な数のブログやホームページがあるから、最初のうちはほとんど反響はないだろう。だが、続けていくうちに、いつも見てくれる常連さんが現われたり、同好の士とつながりができたりと、新たな出会いも生まれるはずだ。

一五〇万部のベストセラーになった詩集『くじけないで』（飛鳥新社）の著者柴田《しばた》トヨさんは、二〇一三年の一月に一〇一歳で亡くなられた。まさに天寿を全うしたといっていい。

驚くべきことに、その柴田さんが詩作を始めたのは九二歳のとき。きっかけは、腰を痛めて趣味の踊りができなくなったことだったという。はじめは書いた詩を息子さんにほめられるのがうれしかったそうだが、やがて新聞に投稿するようになり、自費出版した本が出版社の目にとまり、多くの人に読まれるようになった。

九〇歳を過ぎて新しい趣味に取り組んだ柴田さんに比べれば、四〇代、五〇代はまだこれからである。本当に好きなことに全力投球し、表も裏も豊かな人生にすることができるはずだ。

「リバーシブル人生」は、一回で二度美味しい。

年齢に「〇・七」を掛けてみる

中年期を迎えた人は、実年齢と自分の精神年齢とのギャップを多かれ少なかれ感じているのではないだろうか。

たとえば、二〇代のころ思い描いていた五〇代というのは、人間としても落ち着いていて、仕事も脂の乗り切った年代、あるいは反対に、体力、気力とも少しずつ衰えて、仕事もつらくなり、定年だけが楽しみといったイメージかもしれない。

いずれにしろ、現実には自分は落ち着いてもいないし、くたびれてもいないはず。五〇代は、まだ若いと思っているのがふつうだろう。

画家の横尾忠則《よこおただのり》さんが、『隠居宣言』（平凡社）という著書でこんな話をしている。

「ぼくの場合、精神年齢は常に若いはずだ。だが肉体は精神年齢を超えられない。六十歳ぐらいまでは精神年齢と肉体年齢の間にズレはなかったが、七十代を迎えて初めて両者のズレを自覚した」

横尾さんといえば、絵画やグラフィックデザインにとどまらず、演劇や文学のジャンルでも時代の文化をリードする活躍をしてきた人だ。六〇歳ぐらいまでは、実年齢よりも若い精神年齢に肉体も充分についていけた。だが、七〇歳になると肉体も精神年齢も七〇代だと実感し、ショックを受けたという。それが隠居をするきっかけとなったのだとか。

彼は「隠居宣言」こそしたものの、いまでも創作活動は続けている。では「隠居」とは何を意味するのか。それはデザインの仕事は辞め、もっとも好きな絵画制作を中心とする生活に移行することなのだそうだ。

ミドル世代も、まず肉体の衰えを実感する人が多いのではないか。体の老いは実年齢に近いのに、気持ちは老いを受け入れるまでに至っていない。心の準備ができていないのである。

二〇一〇年のベストセラー『もし高校野球の女子マネージャーがドラッカーの「マネジメント」を読んだら』（ダイヤモンド社）のモチーフになっているピーター・ド

ラッカー。経営学者で社会学者でもあった彼は、組織のマネジメントだけでなくセルフマネジメントという考え方の提唱者でもある。

「成果をあげる者は仕事からスタートしない。時間からスタートする。計画からもスタートしない。時間が何にとらわれているか明らかにすることからスタートする」

これは『経営者の条件』(ダイヤモンド社)という本に出てくる言葉だ。何かをするためには、まずそのための時間をつくることから始めるべきというのだ。

また「第二の人生をもつには、一つだけ条件がある。本格的に踏み切るはるか前から、助走していなければならない」ともいっている。

充分な心構えもないまま、老いへの入り口であるミドルエイジを迎えてしまったときは、自分の年齢を七掛けにしてみるといい。四〇歳なら二八歳、五〇歳なら三五歳となる。どうだろう?「実年齢より若い!」と思っている人は、こちらのほうがしっくりくるのではないだろうか。

だが、時間の経過は誰にでも平等であることは間違いない。どんな老いを迎えるか。大いなる落胆か、それとも晴れやかな充足感か。それは中高年という助走期間の過ごし方にかかっている。助走期間を挫折もせずに無難に乗り切った人には、その後も充実した人生が待っているはずだ。めげずに折れずに、ミドルエイジを通過すること。これが何よりである。

ミドル世代の「自己実現」に定年はない

ミドル世代の停滞期に陥りがちなのが、自分の肩書に頑《かたく》なにこだわる生き方だ。肩書は、仕事人生においてはそれなりに成功したからこそのものだが、その姿勢はいただけない。社名や役職など、その肩書を取ってしまえば、あなたに何が残るのか。

自分の人生や存在を虚しいと感じてしまうミドルエイジ・クライシスの症状は、自分が享受してきたある種の特権が失われることが大きな理由だ。

自分の居場所であるはずの家庭に帰っても、妻に世話を焼いてもらえず、成長した子どもが幼いころのようにまとわりついてくることもない。会社にも家庭にも自分の居場所がないように思えてくるのだ。

だが、その寂しさを癒してくれるのは、「昔の肩書」ではないことを肝に銘じておかなければならない。

中年期以後をどう生きるかと考えるとき、他人からの評価はいったん脇に置いておくことが大切だ。「自分がこうなりたい」「自分がこうしたい」ということを、まず目標の第一に据えること。いわゆる「自己実現」である。

自己実現とは、もともと心理学の用語で「自分のなかにある能力や可能性を最大限に発揮して生きること」を指す。

ところが、そのことに気づいていない人間が多い。ミドルエイジ・クライシスに悩む多くの人は、自分の存在が人にどう評価されるかばかりを気にして、正当な評価が得られていないのではないかと不満を抱く。だが、自己実現とは、他人がどう評価するかということではない。

映画監督の小津安二郎《おづやすじろう》は、「どうでもよいことは流行に従い、重大なことは道徳に従い、芸術のことは自分に従う」という言葉を残している。

いまでこそ「世界の小津」といわれているが、生前は日本的な生活を描く小津作品は海外では通用しないと考えられ、海外の映画祭に出品されることはほとんどなかった。また、国内でも、興行的に成功を収めて巨匠の地位を得ていたものの、晩年は古くさい時代遅れの作風と揶揄《やゆ》されることも多かった。

だが、小津自身は周囲の思惑など気にすることなく、最後まで自分が撮りたい映画をつくることに専念していた。それが、今日の国際的評価の高さにつながっている。

「芸術のことは自分に従う」。つまり、自分のもっとも重要なところは自分自身に従い、自分を高めていく。それこそが中年期以後の自己実現なのだ。

ただ、それでも肩書にこだわり、それがなくなると自信喪失に陥るようなら、自らまったく新しい肩書づくりを考えてみたらどうだろう。

「死ぬまでに長編小説を書く」「在職中に苦手だった英語をマスターする」「世界三大瀑布《ばくふ》を見に行く」「好きな演歌を集めてCDを出す」「日本中の競馬場を賭け巡る」「料理学校へ入ってオリジナルの料理をつくる」……。人によって、実現できなかった自分の姿はいろいろだろう。ならば、それにチャレンジすればいい。

作家、通訳、旅行家、歌手、競馬評論家、調理師、すべて立派な肩書である。こうした「なりたい自分になる」チャレンジは死ぬまでできる。自己実現の旅には「定年」という終着駅はないのだ。

他人が何といおうと、あの世への旅立ちのときに「ああ、楽しかった」といえたら最高ではないか。他人の評価なんか気にしない。

「残年」を「残念」にしないために

「人生 ー《マイナス》 仕事（会社）＝〇《ゼロ》」

自分はそんな人間ではないと、あなたは自信を持っていえるだろうか。答えが「一〇〇」という仕事なしの人生もつらいが、「〇」ではあまりに悲しい。

人生をコインにたとえてみよう。

コインの表には仕事という文字が刻まれているが、裏返してみると何も刻まれていないノッペラボーの平面が出てきたら、見た人はちょっと驚く。

「このコインは偽物だ」

誰もがそう思う。偽物呼ばわりされる人生など私はご免である。では、人はコインの裏側に何を刻めばいいのだろうか。

単純だが、それは「本当に好きで極めたいこと」ではないか。言い換えれば「もし、生活するためのお金を稼ぐ必要がないとしたら、死ぬまでの間、何をやり続けて生きていきたいか」である。

人によっては、お金に困っていなくても、それでもお金を稼ぎたいと答える人もいるかもしれない。それはそれでいい。ゴルフ、釣りといった趣味や、麻雀、競馬などのギャンブルを挙げる人もいるだろう。男性なら「オンナ」、女性なら「オトコ」と答える人も多いかもしれない。それも悪くはない。

だが、もしそれがすべて叶えられたとしても、きっと誰もがそんな生活には飽きてしまうだろう。そのまま続けていくことはできるかもしれないが、そんな生き方を選んでしまったら、死ぬ間際に多くの心残りがあると思う。

つまりは「残念な人生」だ。残念とは「心残りなこと。未練のあること。くちおしいこと。無念」（広辞苑）。

趣味やギャンブル、異性との交遊は決して悪いことではない。だが、それは人生においては、美味しいデザートのようなもの。主食にはふさわしくない。デザート三昧の人生もまた、間違いなく残念な人生だろうと私は思う。

では、少しでも「残念」を減らすためには、何をしたらいいのだろうか。

仕事以外に、自分が持っているスキルや知識を駆使して「誰かが喜ぶこと」を始めることではないだろうか。そして、「自分もあんな生き方ができたらいいな」「あの人には死なないでほしい」と思われるような生き方をすることではないか。

私の大学時代の友人は仕事の関係上、長い海外生活を送った。しかるべき役職に就いた後、定年退職を迎えたが、彼は現役時代から自宅で英語教室を開いていた。国際化の時代にあって、旧態依然とした日本の英語教育の限界を肌で感じ、これではいけないという思いが彼をそうした行動に駆り立てたのである。

また、国際交流への関心も高く、いまではアジアからの留学生のホームステイ先の斡旋《あっせん》活動も行なっている。

こうした活動をしている人は数多くいる。刑期を終えて刑務所を出る高齢者の更生のために、仕事探しに奔走する元警察官、自衛隊時代の技術を生かし、アジアやアフリカの旧戦闘地帯の地雷除去に奮闘する人もいる。

何も社会貢献活動だけにかぎったことではない。

体調を崩したためにプロ野球審判の仕事を断念せざるをえなかったが、土曜、日曜だけアマチュア野球の審判を、ほとんど手弁当で引き受けている人も私は知っている。彼をそこまでさせるのは、とにかく野球が好きでしかたがないという思いなのだ。平日はふつうのサラリーマンである。

彼らにとってそうした生き方は、体力的にも少なからず負荷になっている。しかし「苦」ではなく「楽」であり、「喜」であり、「満」なのだ。彼らに感謝し、リスペクトしてやまない人間は確実にいる。

自分の特技や趣味を生かし、誰かに喜んでもらえるような生き方ができれば、コインの裏側にもしっかりとした文字が刻まれるに違いない。

鉄道のことなら何でもござれの人、郷土の歴史研究者、ゴム鉄砲作りのプロ、百人一首の競技優勝者、詰み上がりが超異色の詰将棋問題作成の第一人者。私が知っているだけでも「人生－仕事（会社）＝〇」でない人はたくさんいる。彼らもまた、多くの人を喜ばせている。

さらに、彼らは仕事においても一流の人ばかりである。引き算の計算式に置き換えて考えれば、わかりやすい。人生という母数の数値も大きい、残った数も〇ではない。ということは、仕事や会社の数値も大きいということだ。

「残年の人生」を「残念な人生」にしないために、仕事人間以外にもう一つ違う自分、誰かに喜ばれる自分を持ったほうがいい。

燃えつきている暇などない。薪《たきぎ》はどこにでも転がっている。

ときに熟慮は感動の足枷《あしかせ》になる

『星の王子さま』の著者サン・テグジュペリはいう。

「人生には解決なんてない。ただ、進んでいくエネルギーがあるばかりだ。そういうエネルギーを作り出さなくてはならない。解決はその後でくる」

三七歳で復帰を果たし、世界中を驚かせたプロテニスプレーヤーのクルム伊達公子《だてきみこ》選手。世界ランキング四位まで上り詰めた伊達選手が引退したのは、二五歳のときだった。引退したときは「テニスが嫌いだった」という。

引退は自らの意志で決めたのだろうが、時間を経るにつれ、また挑戦したい、まだできるという思いが募ったのだろう。ブランクを経ての復帰には、少なからず迷いも恐れもあったと思う。だが、それを実行に移してしまうところが、並の人間とは違う。伊達選手は、復帰後二シーズン目のインタビューでこう語っていた。

「三八歳という年齢や一三年ものブランクを理由にして自分自身で限界を作ったりせず、これからも可能性を広げていきたいと思っています」

彼女は確実な解決策を見つけてから動きはじめたのではない。前に進むエネルギーが後押ししたのだ。自ら限界を設けていては先へは進めない。どれくらいできるかどうかはわからないが、手に入れたいものがあるから前進するというシンプルな考え方。これがいい。

前向きなチャレンジにはこのシンプルさこそ必要だろう。やりたかった趣味を始める、あるいは趣味の上達を目指す、資格を取得する、憧れの地へ旅するなど、叶えたいと願っていた夢を実現するためには、熟慮が足枷になってしまうこともある。考え込んでいては何もできない。まず第一歩を踏み出してみることだ。

仕事を含め、漠然とした人生の停滞や不調にあるときは、「エイヤッ」の掛け声もろとも、とにかく一歩踏み出すことが必要ではないか。その一歩によって被《こおむ》るかもしれない損失や、味わうかもしれない落胆を想定しているばかりでは、「なりたい自分」との出会いはこの先もないだろう。

以前、ちょっと面白い女性がテレビに登場していた。『一億人の大質問⁉︎　笑ってコラえて』（日本テレビ系）という番組のなかの「日本列島ダーツの旅」というコーナーで紹介されていた老婦人である。このコーナーの趣向は、出演タレントが日本地図に向かってダーツを放ち、ダーツが命中した場所をスタッフが訪ねて住人を取材するというもの。ある町を訪れたスタッフが九二歳の婦人に出会う。「とても九二歳には見えませんね」という言葉に彼女は相好《そうごう》を崩す。話をしていると、この婦人、ポケットからタバコを出して火をつけはじめた。驚いたスタッフが尋ねる。「タバコ、吸うんですか」。彼女はおいしそうに「吸うよ。スッキリして、いいんだ」。

さらに驚いたことには、タバコを始めたのは二年前、九〇歳からだという。クルマ酔いする彼女を見かねた夫が、タバコを吸えば酔わないとすすめたからだという。夫のいうとおり、タバコの効果はテキメン。以来、タバコは手離せないのだそうだ。

昨今の過激な嫌煙主義者が見ていたら、すぐテレビ局に抗議の電話をかけてきそうなシーンである。だが、美味しそうに紫煙を燻《くゆ》らし、豪快に笑う婦人はじつに幸せそうだった。

彼女の心中に、肺ガンになるかもしれない、心筋梗塞《こうそく》を誘発するかもしれないという不安は爪の先ほどもないのだろう。あるのは、いままで経験したことのないスッキリ感を得たことと、夫とドライブを楽しめるという喜びである。

まさに「エイヤッ」の一歩が、彼女の人生に大吉をもたらしたといっていい。「なりたい自分」との出会いである。彼女の人生があとどれだけ残されているかはわからないが、タバコが彼女の旅立ちをいくらか早めることがあったとしても、彼女はタバコを知ったことを悔やみはしないだろう。

チャレンジもせず、実現もしなかった小さな夢を遠目に見つめる日々。そして、いまの生活やその先の人生への疑問、焦燥を抱えたまま、チャレンジすることのリスクを熟慮するばかりでは、死ぬまで後悔を抱えたままだ。

通りの向こうで風邪が流行しているからといって、体温計を脇の下に挟みながら布団のなかで寝て待つような生き方では、ミドルエイジ・クライシスから脱却することはむずかしい。一歩踏み出すエネルギーはまだ残っている。

「もう一人別の自分」のつくり方

「しばらくの間は派手な『アーティスト活動』を止めて、『人間活動』に専念しようと思います」

歌手の宇多田《うただ》ヒカルさんは二〇一〇年末、無期限の休養に入ることを公表した。

宇多田さんといえば、一九九八年にデビュー曲がいきなりミリオンセラーとなる旋風を巻き起こし、国内アルバム売り上げ史上歴代一位の記録も持つなど、華々しい活躍で知られる。

その彼女が活動休止を決めたのは、「音楽と別のところで人として成長したいから」だという。彼女の場合は、芸能界という特殊な世界だけでなくもっと広い世界を知りたい、一般的な社会経験を積みたいという思いだ。いってみれば自己を確立していく「思春期の自分探し」に近いものだろう。

一方、ミドル世代の自分探しは、思春期の迷いを経ていったん確立したはずのアイデンティティを再構築する作業だ。満足できない「いまの自分」とは違う、「もう一人別の自分」「理想の自分」を探す旅だ。その過程では、自分が長年抱いてきた価値観からの転換を迫られたり、自身の人生を否定したり、自己に対する失望感とも向き合わなくてはならない。

では、もう一人の自分は、いまどこにいるのか？

どこにもいない。それは、自分自身でつくるのだ。

「あなた自身が現状を変えられる唯一の人間だ。あなたの夢が何であれ、それを追いなさい」

一九八〇年代に活躍したＮＢＡのスター選手、マジック・ジョンソンの言葉だ。彼は九一年にＨＩＶに感染していたことがわかり、余力を残しながら引退を余儀なくされた。当時は、まだＨＩＶに対する理解が低かったが、ジョンソンはＨＩＶ問題の啓蒙活動に努め、その後、九二年のバルセロナ・オリンピックのアメリカ代表チームに参加するなど、奇跡的な復帰を果たしている。

学生時代なら、尊敬できる師との出会いや、部活動などでの経験が、あなたを磨いて成長させてくれるかもしれない。新入社員なら、上司や先輩があなたに目をかけ、鍛えてくれるかもしれない。

だが、ミドル世代では、誰かが成長させてくれる、変えてくれるなどと期待しないほうがいい。あなたをいまの自分と違う自分に変えられるのは、あなただけなのだ。変わりたいと望むなら、理想の自分に到達するだけの時間はまだある。

では、「もう一人別の自分」をつくるにはどうすればいいか。

私は毎年、年頭に一〇項目の目標を掲げることにしている。といっても壮大なものではなく、たとえば「ドライバーショットの距離を一〇ヤード伸ばす」「ジャズのコンサートに四回行く」「本を五冊書く」といったものだ。

目標設定の基準は、ちょっと努力すれば一年のうちに達成できそうなこと。そんなことでいいのか？　と思うかもしれないが、些細な目標でも一年の終わりにすべてクリアできていれば、それなりに達成感が味わえる。

それを一〇年間続ければ、一〇〇の目標をクリアしたことになる。一〇〇個の新たなスペックが備わった自分である。

「小さいことを積み重ねることが、とんでもないところに行くただ一つの道だと思う」

メジャーリーガーとして、史上初の一〇年連続二〇〇本安打という記録を打ち立てたときイチロー選手はそう語った。天才イチローをもってしても、積み重ねることが大切なのだ。

毎日コツコツとやり続けることが、やがては大きな変化をもたらす。理想の自分に近づくためには、少しずつ階段を上がっていくしかないのである。

目標設定の際には、できるだけ具体的に「一〇ヤード」「五冊」などと数字を入れておくのがコツ。そうすれば、目標がどれだけ達成できたか判断する目安となる。

実際にやってみると、一〇の目標をすべてクリアするのはそう簡単ではない。

ミドル世代なら、当然仕事をこなしながらということになる。それを縫《ぬ》って目標を達成するには、年間を通して計画的に時間を割り振らなければならない。

たとえ達成できなくても、叱責や罰が待ち受けているわけではない。だから、怠けようと思えば怠けられる。だが、挫折すれば自分を裏切ることになる。逆に、達成すればその喜びは何ものにも代えられないほど大きい。

「涓滴《けんてき》（水のしたたり）岩を穿《うが》つ」を実感してみてはいかがか。

「つくり笑い」と「カラ元気」のススメ

「暗い人とつきあっちゃだめよ。うつるから」

波乱に富んだ人生を送った作家、宇野千代《うのちよ》さんの言葉である。暗さが「伝染《うつ》る」というのだ。一瞬「えっ」と思いはするが、自分の経験に照らし合わせてみると、妙に説得力のある言葉である。

たしかに「暗い」といわれている人と長時間一緒にいると、何となくこちらも陰うつな気分になってしまうことがある。相手の暗さにつきあううちに、本当にこちらまで暗くなってくるのである。

役者の世界がこれにちょっと似ている。ある女優さんに聞いた話だが、映画や舞台で暗い過去を背負った人間や凶悪な殺人犯などの役に入り込んでしまうと、家に帰ってもその役を引きずってしまうのだという。自分は仕事だから当然といえば当然だが、子どもや夫まで影響を受けて、家全体に暗い空気や殺気のようなものが漂《ただよ》うのだそうである。役柄のキャラクターが役者に乗り移るのだろう。

子どもが一、二歳と幼かったころには、帰宅した自分の顔を見るなり泣き出してしまうこともあったという。女優という仕事の凄さともいえるが、なかなか因果な商売である。

われわれ一般人も気をつけたほうがいいかもしれない。俳優の竹中直人《たけなかなおと》さんのように、満面に笑みをたたえながら激怒する技を持っていれば別だが、素人にはそうもいかないだろう。

暗い表情で暗い言葉を口にしているうちに、本当に暗くなってしまってはたまらない。まして、ミドル世代のちょっとした頓挫《とんざ》でくよくよ考えて暗くなっていたら、さらに深刻な閉塞《へいそく》状況を招くことになりかねない。それでは打開する意欲も萎《な》えてしまうというものだ。

そういう人間の側面を逆手にとって私が提案したいのが、「つくり笑い」と「カラ元気」のススメである。

沈んだ表情で下を向いていれば、幸運が舞い降りて悩みのタネが消えてなくなるというのなら、どんどん下を向いていればいい。だが、そんなことはない。幸運の女神には前髪しかないのだ。見逃してしまうだけである。

家庭では大黒柱、会社では中間管理職として頼りにされている人間が、不幸を一身に背負ったような顔つきでは、会社でも家庭でも物事はうまく運ばない。ときにウソを承知で笑顔をつくり、元気な自分を演じてみてはどうだろう。

女子レスリング選手の浜口京子《はまぐちきょうこ》さんは、勝っても負けても勝負に対する潔さが伝わってくる好感の持てるアスリートだ。試合だけではなく、テレビのニュース番組やワイドショーに出演していても、その言葉遣いや受け答えに屈託がなくさわやかな印象を与える。

父親はご存じ、「ワッハッハ」の元プロレスラー、アニマル浜口さんである。

はじめてあのパフォーマンスを見たときは、正直なところ、そのわざとらしさが気に入らなかった。ところが何度か見ているうちに、あれはあれで、苦難や挫折を克服する方法としては見直してもいいのではないかと思うようになった。「あれもアリ」

である。

もし、年ごろの娘さんが、あんな父親を持ったらふつうは恥ずかしいだろう。公衆の面前では「他人です」と距離を置いても不思議ではない。だが、風変わりなパフォーマンスを続ける父親を、さわやかな笑顔で見守る京子さんの表情は不思議と幸せそうなのだ。おそらく、彼女はアスリートとしての孤独な試練やスランプ、絶望を味わうようなシーンで、父親のあのキャラクターによって幾度も救われたことがあるからではないだろうか。

苦難を前にして「気合いだ、気合いだ、気合いだ！」とつくり笑いとカラ元気で声を出し、「よし、やるか」と一歩を踏み出す。そういう「わざとらしさ」も人生においては必要なことだ。

「このままでは、どうしようもない」としか思えない局面が人生には必ずある。そんな人生の停滞期には『人間失格』を読んでさらに落ちこむよりも、『天才バカボン』を読んで、「これでいいのだ」と自分のために笑い飛ばしてみることが有効なのではないか。

第4章

「これでいいのだ」といえる人生

——幸福な居場所の見つけ方

「人生でやり残したこと」はないか

人生の折り返し点を過ぎれば、遠くにぼんやりと終着点が見えてくる。それまでの時間をいかに充実させていくか、その心構えによってクライシスに落ち込むか、無難に乗り切れるかが決まってくる。

「このままでいいのか」と考えたとき、ふと、やり残したことを思い出すことがあるのではないか。

二〇一〇年一一月に公開された邦画『ふたたび swing me again』は、ハンセン病で療養所生活を送らざるをえなかったジャズ・トランペッターが、五〇年の時を経て、かつてのバンド仲間を訪ね歩くというロードムービーだ。

病が原因で果たせなかった仲間との約束、愛し合っていたのに心ならずも引き離されてしまった女性の行方……ずっと心に引っかかっていた想いに決着をつけるため、七八歳の貴島健三郎《きじまけんざぶろう》は、孫とともに人生最後の旅に出る。五〇年ぶりの再会にとまどいながらも、仲間たちは健三郎を温かく迎え入れ、憧れのジャズクラブでライブを開くという昔の夢を実現させる……。主人公を演じる財津《ざいつ》一郎《いちろう》さんの演技もさることながら、ベースの犬塚《いぬづか》弘《ひろし》さん、ドラムの佐川《さがわ》満男《みつお》さん、トロンボーンの藤村《ふじむら》俊二《しゅんじ》さん、そして、なんとナベサダこと渡辺《わたなべ》貞夫《さだお》さんまでが、サックス奏者として登場し、いい演技を披露している。ジャズ好きの私にとっては、往年の名曲もちりばめられ、心に深く響いた映画だった。現実には、長年演奏から離れていたバンドの再結成はスムーズにはいかないかもしれないが、「これをやらずには人生を終えられない」という想いは人を前向きにさせる。

自分の人生を振り返ってみると、誰しもかつて抱いていた夢やあきらめかけた夢があるはずだ。

「自転車で日本を一周したい」

「もう一度大学で学び直したい」

「独立して自分の会社を興したい」

その内容は人によってさまざまだろうが、自分がやり残したと思うことがあるだろう。もう一度会っておきたい人、チャレンジしてみたいと願うこと。ならば臆さずチャレンジしてみてはどうか。

まずは、それを具体的に書き出してみることだ。長いリストになってもいい。人生を総ざらいする気持ちで洗い出してみよう。

書き出してみると、なかにはすぐにでも達成可能なことがあるのではないだろうか。日々の忙しさを言い訳に先延ばしにしていたことは、いますぐチャレンジすればいい。

リストに残るのは、達成するのがむずかしいか、時間がかかるものだろう。今度はそれに優先順位をつけてみる。少年期や青年期は、何でもチャレンジすることが人生にとってプラスになる時期だが、人生後半ともなるとそうもいかない。時間がかぎられているのも事実なのだ。リストの再考は、残りの人生を見直すことでもある。

リストに書き出したのは、人生の大切な忘れ物ではないか。それを絞り込むのはむずかしいだろう。その優先順位をつける際に参考になるのが「断捨離《だんしゃり》」だ。「断」は入ってくるものを断つこと、「捨」は不要なもの・使わないものを捨てること、「離」はものに対する執着から離れて身軽になることを指す。これをベースに、自分とものとの関係を問い直し、すっきり片づけ、身軽で快適に暮らすことを目的とする。

ものを捨てるというのはなかなかむずかしい。そこにはもったいないという思いがあるからだ。それをあえて整理するコツは、そのものに「ときめき」を感じるかどうかなのだという。

「やり残したことリスト」にも、簡単には捨てられない、あきらめきれない夢が並んでいるはず。そこから「やろうと思うとワクワクする」項目を最優先に選べばいい。

また、書き出してはみたものの、それをやり遂げられる時間は残っていないかもという不安が頭をもたげてくるかもしれない。そんな時間的制約に対する焦りも、ミドルエイジ・クライシスの要因であるからだ。だが、気負うことはない。

作家の五木寛之《いつきひろゆき》さんが、新聞のインタビューでこんな話を披露していた（二〇一〇年一二月一二日産経新聞）。

五木さんが作家となったのは、三三歳のときに「小説現代新人賞」を受賞したのが契機だが、その作品は「たった一冊、つつましい本をこの世に残そう」と思い、自分のペースで楽しみながら書き上げたものだったという。それから数々の作品を世に送り出してきた。代表作の一つ『青春の門』はいまだ完結していないという。

「物事には起承転結があるとはかぎらない。作家として書いている途中でポキッと折れてしまうような終わり方でいい。未完のまま終わるのが人生です」

時間が足りなくても、かまうことはない。残りの人生を充実させるには、やり残したことを、最後までやり遂げることにこだわる必要はない。やり残したことをやってみようとすること、それこそが大事なのだ。

「今回の人生はこれでいい」と考えてみないか

五年ほど前、ホテルのラウンジでトリオの生演奏を聴きながら、友人とグラスを傾けていたときのこと。突然、少し離れた席から客たちの拍手が湧き起こった。と同時に、軽快なジャズを奏でていたトリオも演奏を中断し、同じように拍手を始めた。

その拍手は、ラウンジの奥のソファで男女数人で語らっていた一団に向けられている。そのなかにいるロマンスグレーの初老の紳士の顔に見覚えがあった。名前は思い出せなかったが、かつては歌謡曲やポップスのジャンルでヒット曲を手がけた作曲家である。

その作曲家は拍手に促されるように、いくらか照れくさそうな表情でソファから腰を上げ、ピアノのほうにゆっくりと歩み寄った。トリオのピアニストが立ち上がり、その初老の作曲家をピアノに招く。ピアノの前に腰を下ろした彼は、ベースとドラムの演奏者にひと言、ふた言何かを告げると、鍵盤に指を置いた。

それから一〇分くらいだったろうか。彼の演奏は見事だった。すべてアドリブである。ジャズのスタンダードナンバーを中心に、時折、誰もが知っている演歌のフレーズを織り交ぜながら、じつにリズミカルにピアノを奏でた。

演奏が終わると、われわれを含め十数人いた客にていねいに頭を下げ席に戻った。幸運な聴衆となった客はみな惜しみない拍手を送っていた。

もしもピアノが弾けたなら……。西田敏行《にしだとしゆき》さんの歌ではないが、一瞬、私はそんな思いに駆られた。

「うらやましいね。あんなにカッコよくピアノが弾けたら、人生楽しいだろうね」

同席していた友人も私と同様の思いを抱いたようだった。

自分には欠けている才能の持ち主、自分がしてみたかった経験をした人間、あるいは映画やドラマで演じられる主人公などに対して、憧れや羨望の念に駆られることは誰にでもあるだろう。

たとえば、海外の華麗な恋愛映画を観れば「若いころに留学していれば、ハリウッド女優のような女性と恋に落ちていたかも……」などと夢想することもあるかもしれない。優秀な心臓外科医が難易度の高い手術に挑み、それを成功させて、生きることをあきらめかけていた患者を救うドキュメンタリーを見れば、「なんで医学部にチャレンジしなかったんだろう」と思うこともあるだろう。

人によっては、それがプロゴルファーであったり、小説家であったり、政治家であったり……いろいろである。だが、多くの人にとっては「叶わぬ夢」なのだ。

自分のこれまでの人生を悔いているわけではないものの、もう一つ別の人生に思いを馳《は》せることは誰にでもある。とくにやり直しの選択肢が限定されているミドル世代においては、しばしばあるかもしれない。

だが、残念なことに、まったく違う二つの人生を送ることは誰にもできない。

しばしの間「叶わぬ夢」を思うのはいいが、ミドル時代に、少年時代の「大きくなったら、こうなりたい夢」を真似るわけにはいかない。本気でチャレンジするなら、それもいいが、ただ夢想するだけの「夢」が長く続けば、虚しさが拡大して現実の生活が損なわれる危険性もある。夢を見ることが虚脱状態をもたらすこともあるのだ。

それが高じれば、あらぬ妄想を抱くこともあるだろう。極端な例だが、一風変わったサービスをする店に通いつめ、自分の娘ほど年の離れた女性に好意を寄せ、相手も同様の思いと妄想し、その女性や家族を殺《あや》めた犯人などはその典型だろう。

ミドル世代は、明らかに実現不可能な夢に、いつまでも現《うつつ》を抜かすわけにはいかない。自分の頬をひっぱたいて、冷静になったうえであきらめることも必要なのだ。その「折り合い」をつけるために、こう考えてはどうだろう。

「その夢は『次の人生』にとっておく。『今回の人生』はこれでいい」

前向きなあきらめということも、人生には必要だ。そう悲観することはない。どんなに平凡であっても、地に足のついた生き方をしていればいいのだ。その代わりといっては何だが、実現可能なことはどんどんやってみること。

「うらやましいな。あんな生き方ができたら楽しいだろうな」

と、自分を見ている人も必ずいるはずだ。

「昨日まで」を断ち、「明日から」を思え

それほどのギャンブル好きではないが、ダービーや有馬記念など大きいレースが開催されるときは馬券を少々購入する。的中したりしなかったりだが、推理力の訓練にはいい。

「日曜日に月曜日のスポーツ新聞があれば……」

競馬ファンなら誰でもそう思う。月曜日の新聞にはレース結果がすべて出ているのだから、それを見て馬券を買えば百発百中である。だが、それはタイムマシーンでも手に入れなければ絶対に不可能な話。

「あの馬が気になっていたんだよ」「ゴールがあと一メートル先にあったら」「もう一点買っていたら一〇万馬券をとれていたのに」……。

どんなに悔やんでも、ハズレ馬券がアタリ馬券に変わるわけではない。

人生も同じ。時間の前後を変えることはできないのだ。未来の結果を知って、現在の生き方を変えることはできない。人生は、一日一日の積み重ねでつくられていく。いまの自分を形づくっているのは、自らが歩んできた道程だ。

しかし、人生の後半にさしかかり、自分に不安や不満を感じたとき、その道程に対する信頼も大きく揺らいでしまう。自分の人生が虚しく思え、いったいどこで間違えたのか、何がいけなかったのかと、過去の出来事や選択をあれこれ思い返しては原因を見つけようとする。

「あのとき失敗しなければ」といった後悔は誰もがするものだが、それにいつまでもとらわれていては先に進めない。仕事での失敗は長いスパンで取り返せばいい。

二〇一〇年、南アフリカで開催されたサッカーワールドカップ。日本代表がベストエイト進出をかけたパラグアイ戦はPKでの決着となった。結果はご承知のとおり。PKを外してしまった駒野友一《こまのゆういち》選手は、敗戦が決まったあとに号泣し、どん底まで落ち込んだという。

あとで知ったのだが、駒野選手は決してPKが下手な選手ではなく、むしろ名手として知られていたという。岡田武史監督の信頼も厚かったのだろう。例のシュートもゴールのクロスバーを叩く惜しいものだった。どんな名手でも外すことがある。それがＰＫだ。

あるインタビュー記事で、駒野選手は「ＰＫ失敗から得たものなんてない。いま思い返しても悔しさ以外ないです」と語っていた（二〇一〇年八月一五日スポニチアネックス）。

よく「失敗から学べ」というが、考えてもどうにもならない失敗もある。それならば、くよくよするより早く忘れてしまったほうがいい。

駒野選手も、帰国後は家族とゆっくり過ごす時間を持ったり、ファンからのメールに励まされたりすることで、次のステージに向けて気持ちを切り替えたという。

ましてや、「ミドルエイジ・クライシス」に乗じて忍び込む過去の出来事や選択の結果は、すでに自分の一部に組み込まれているものだ。いまさら思い返してもどうにもならない。もしその一つを修正することができたとしても、現在の自分のすべてが好転するわけでもないだろう。

詩人の萩原朔太郎は、箴言集《しんげん》『絶望の逃走』のなかで、「幸福人とは、過去の自分の生涯から満足だけを記憶している人々であり、不幸人とは、それの反対を記憶している人々である」と書いている。

私のまわりにも過去の選択について、会うたびに後悔の言葉を口にする人間がいる。「会社を辞めなければよかった」「妻と別れなければよかった」「家を買うのをもう五年待てばよかった」。

まるで、その選択が不可抗力だったかのようにいう。地球上で自分がいちばん不幸だといわんばかりである。

後悔の念を持たない人間などいない。しかし、それをわざわざアピールしてどうしようというのだろう。賽《さい》は投げられたのではなく、自分が投げたのではないか。

振り返っても後悔するだけなら、過去をすっぱり断ち切ってしまえばいい。過去に振り回されているより、明日から始まる未来だけを考えて生きることだ。そうしなければ、自分の未来に対して失礼ではないか。

「なりたかった自分になるのに、遅すぎることはない」

イギリスの女流作家ジョージ・エリオットの言葉だ。

いまの自分に不満や不安があるなら、過去の詮索は不要。これから先の一日一日を積み重ねて、なりたかった自分になることを目指せばいい。

「幸せな都落ち」という選択もある

年賀状のなかには家族写真や子どもだけの写真もあって、ごていねいに○子は何歳、○太郎は何歳と書き込んであったりする。そんな年賀状も家族や親戚、あるいは友人など親密な間柄ならばいい。個人のやりとりならわかる。

だが、家族写真の年賀状が会社宛に来ると、「何だ、この男は」と思ってしまう。しかも差出人を見て「ああ、あの人か」という程度のつきあいの人間から、そんな年賀状が届くとちょっと面食らう。失礼だが「何を考えているのか」と思ってしまう。それほど親しくもない人の家族の顔を見て喜ぶような趣味は、私にはない。それに家族たちと仕事をしているのではない。

そんななか、友人から微笑《ほほえ》ましい年賀状が届いた。同じ写真でも、私の頰は思わず緩んでしまった。彼はツナギの作業着を身につけ、誇らしげに大きな大根を持ちながら、満面の笑みを浮かべている。事情はこうだ。

写真の主は、数年前に東京を捨てた。

準大手の広告代理店に営業部員として勤めていた。一流大学出身。頭も切れるし、行動力もある。誰からも好感を持って迎えられる人柄。営業マンとしてはうってつけである。どんどん数字を伸ばし、五三歳で役員になった。新規クライアントの開拓にも能力を発揮し、美容関連会社の広告を一手に扱うようになった。社長は女性である。その女社長も彼を高く評価していた。

その二年後の五五歳のとき、その女社長から提案された。広告会社を立ち上げ、独占的に広告を扱わないかというのである。その会社は年間八億円ほどの広告費を使っている。かりに代理店マージンが一五％だとしても、一億二〇〇〇万円。会社を立ち上げれば運営費、人件費を差し引いても年間五〇〇〇万円近い収入が見込める。

悩んだすえに、独立を決めた。

はじめの二年は順風満帆だった。だが、好事魔多し。女社長の会社の業績が急激に悪化。支払いが滞り、雑誌社、制作会社への支払い期日を過ぎても入金がない。しかたなく肩代わりしているうちに、その会社は不渡りを出してしまった。クライアントが倒産すれば、広告費の支払いは広告会社が負担しなければならない。

転げ落ちるような結末である。自宅を売却し、ようやく完済。彼にはもはや、広告会社を続ける財力も気力もない。そこで彼は大胆な選択をした。五七歳にして、生まれ故郷の福島に妻を連れて帰ったのである。

「東京の生活はもうごめんだ。生まれ育った町に帰って、自然のなかで暮らす」

そう決めたのである。故郷には公務員を定年退職した両親がいる。ご多分にもれず、体の不調とボケ症状。ならば、両親の面倒を見ながら、旧友と過ごす日々も悪くないと彼は考えた。自身の年金支給まではまだ間があるが、塾の英語教師を妻と一緒にやれば食べるには困らない。自然志向の強かった妻も、もろ手を挙げて賛成してくれた。

そんな彼が、三年ほど前、久しぶりに私のオフィスを訪ねてきたことがある。

「価値観を変えればいいんですよ。東京の生活は刺激的で、たしかに面白かった。でも、生活コストの高い都会生活を維持するためには、それだけ稼がなければならない。仕事は楽しかったけれど、遊ぶ時間はない。好きなゴルフや釣りにも行けない。どこか欲求不満状態でしたね」

羽振りのいいときに比べれば、一〇分の一以下に減った収入だが、実際の生活費の感覚でいえば「半分くらいに減った感じ」だそうである。

「地方出身者が陥りがちな、東京生活が上等で田舎はダメという価値観を捨てれば簡単ですよ。毎晩、銀座や赤坂で飲んでいてもどこか虚しい。物価も高く、渋滞だらけで空気も汚れている。田舎ではベルサーチを着ていても、誰もうらやましがらない。知らないから……。メルセデスに乗っていたって、見栄っ張りと思われるだけ。燃費の心配をされて軽自動車のディーラーを紹介される。高級焼き肉店も、凝った中華料理の店もないから、スリムになって痛風の心配もなくなった。要は考え方一つで充足感は味わえるんです」

帰る故郷のない私には選べない生き方だが、これもミドル世代の選択としては悪くない。

「東京の生活が悪いといっているのではありません。とくに若いうちは、学べることがたくさんあります。いろいろな刺激も必要です。ですから、二人の息子には東京にいろ、といってあります。苦労もしましたが、私も都会生活を充分に楽しんだんですから」

起業の失敗という不幸がきっかけになった選択ではあるが、人によっては条件が整えば、彼のような「都会生活定年→故郷生活リセット」という生き方も悪くはない。写真のなかで、大きな大根を抱えている彼の幸せそうな表情が、それを見事に物語っている。

「中小企業のオヤジ」に転じた誇り

最近、ブログを開設したのだが、多くの読者からメッセージを頂戴している。

「五〇歳を過ぎたら会社にしがみつけというご意見ですが、私は五二歳のときに友人とともに転職しました。おかげさまで成功し、収入も大幅にアップしました」

こんなメッセージをいただいた。反論を読ませてもらうことも楽しいし、この方の成功にもエールを送りたい気持ちになった。

私はたしかに「中年を過ぎたら会社を辞めてはいけない」ということを、折あるごとに述べている。しかし、よく読んでいただければわかることだが、「特別のスキルを持っている場合」「ステップアップできるヘッドハンティング」は除外している。

この方のケースは明らかに、除外のケースに該当していた。Aさんとしておこう。

たまたま、Aさんが住んでいる地域で講演会があったのだが、わざわざ足を運んでくれたので、話を聞かせていただいた。

Aさんは、かつて大手化学メーカーに勤務していた。有名大学で工業化学を学び、大学院の博士課程も修了した。特殊な素材を開発する技術者としてその会社に入った。経験を積み重ね、七年前の五二歳のころ、彼がリーダーを務めるチームがある画期的な素材を開発した。彼は、低迷している会社の業績に間違いなく寄与する製品と確信したのだが、経営陣は生産に消極的だった。

「設備投資に経費がかかりすぎる」「大きなリスクが伴う」。それが理由だった。マーケティングとプロモーションさえ間違えなければ、日本ばかりか世界規模で需要が見込めるといくら説明しても、首をタテに振らない。

そんなAさんに声をかけた人がいた。同業ではあるが、規模でいえばいま勤める会社の二〇分の一にも満たない中小企業の社長である。その技術を持って役員として会社に来ないかというのである。迷いはしたが、申し出を受け入れた。だが、生産のためには、その会社だけでは資金が集められない。

Aさんは親や親戚を説得して支援を仰ぎ、自宅も担保に入れて銀行からも融資を受けた。部下のスタッフ三人も彼についてきた。三年後、製品を製造。各地で開かれる展示会や見本市に出展した。海外にも赴き、プレゼンテーションを試みた。

不安はあったが、素材の品質、用途の多様性には自信を持っていた。予想以上に反響があり、日本はもとより海外からも注文が相次ぎ、会社の売り上げは飛躍的に伸びた。いまや、規模は小さいものの業界では注目される企業である。

「会社を辞めるのは不安でした。三〇年近く勤めていましたし、それなりの愛着もある。安定した生活を捨てることにもなる。でも、技術者としての意地とか夢とかプライドがありましたから」

彼の背中を押すことになったいちばん大きな理由は、転職した会社の体質と社長の人柄にあった。

「私を誘ってくれた社長は技術者。はっきりいえば、工業高校出身の叩き上げの職人でした。それに惹かれました。前の会社の社長や経営陣のほとんどは、営業、経理、総務などの部署の出身です。いわばゼネラリストです。私はゼネラリストの常識主義よりも、スペシャリストの情熱に賭けたんです」

いい言葉だと思った。

「メーカーは何を作るかが原点。その原点がぼやけて、技術者や生産現場の声が重視されないようでは、会社はもちろん、スペシャリストとしての自分の未来はないかな、と思ったんです。年齢的にも最後のチャンスでしたし……」

Aさんの話を聞いていて、日本経済低迷の縮図を見る思いがした。ダメな経営者の多くは、市場で受け入れられる高品質な製品の開発や検証ということよりも、社内のバランスや社員管理に忙しい。

また、これまでの経営ルールを踏襲するばかりで、低迷を脱却できずに右往左往しているだけなのである。リスクを恐れ、現場からのボトムアップも経営者自身の大胆なトップダウンもない。変化に対応するスピードも遅い。経営者がこれでは、企業の衰退は必定である。

Aさんを誘った社長は「中小企業のオヤジ」ではあったが、メーカーが生き延びるための方法、世界の動きがそれなりにわかっていたということだろう。「何が求められ、何が売れるか」に素早く対応したのだ。経済社会においては、売れる商品を作れる人材は、イコール売れる商品でもある。

スペシャリストとしてのAさんは、自分自身の商品価値を生かすことに成功したわけである。

「古い常識に縛られる大企業よりは、イキのいい中小企業のほうが私は生きやすい。いま大企業と呼ばれる会社だって、はじめはみんな中小企業だったんですから。しかも『中小企業のオヤジ』は死ぬまで定年なしですからね」

最近は業種を問わず、元気のいい会社はこれまでの人材の採用基準を大幅に改め、学歴などにとらわれず、技術者はもとより、音楽、美術などに秀でたスペシャリストの採用、女性重視などを前面に打ち出している。低迷を打開するには、人材登用をはじめ、これまでの常識にとらわれない経営戦略が急務なのだ。

苦戦する多くの日本企業を尻目に年々業績をアップさせ、積極的に海外進出を試みるユニクロブランドのファーストリテイリングなどはその典型だ。会長兼社長である柳井《やない》正《ただし》さんの手腕に負うところが大きいのだろうが、柳井さんは女性店長のスキルを高く評価している代表的な経営者である。「女性社員も社長を目指せ」とまでいっている。

時代は大きく変化している。Aさんはそうした流れのなかで、成功を勝ち取ったということなのだろう。彼のように、会社内部よりも外部で高く評価されるスキルや頭脳を持った人間なら、いまの会社を飛び出し、中年期における大胆な「人生リセット」を決断してもいい。

「可愛げのある上司」になるポイント

ミドル世代が、仕事で不調に陥る原因の一つに「素直さの欠如」が挙げられる。端的にいえば、知らないことを知らない、理解できないことを理解できないといえないために人間関係に綻《ほころ》びが生じるのだ。

「イヤになりますよ。得意先から企画書に修正を加えたものが、メールで送られてきたときのことなんです。私は、すぐに出なければならない用があったので、『課長のほうにメールで転送しておきましたから、確認して先方に戻しておいてください。お願いします、急ぎですから』といって出かけたんです。たしかに課長は『うん』といったので、安心していたんです」

私の講演会を運営してくれたことのある企画会社で働く、二〇代後半の女性社員が憤慨していう。

二時間後、打ち合わせをしている彼女の携帯が鳴った。件《くだん》の得意先からである。直感的にイヤな予感がした。先方は激怒している。企画書の修正がまだ戻っていないというのだ。打ち合わせを早々に切り上げて会社に戻った。課長のデスクに歩み寄り、事の推移を尋ねた。驚いたことに、まったく手をつけていなかったのである。

「いやー、ちょっと……」

「ちょっとじゃありませんよ。先方は怒ってます」

煮え切らない返事を繰り返す課長に、少々厳しい口調で理由を問い質した。支給された新しいバージョンのパソコンの操作方法がわからず、メールに添付されていた企画書を開くことができなかったのである。

彼女はキレた。

「『わかりますよね』ってお聞きしたとき、『うん』とおっしゃいましたよね？」

「わかるっていうか、人がやるのを見たことはあるから……」

彼女は呆《あき》れてものもいえなかった。だが、それどころではない。大事なクライアントに逃げられてはたまらない。すぐに修正作業を始め、先方には丁重に詫《わ》びを入れ何とか事なきを得たという。

「俺、このセクションの仕事向いてないんだよね。機械とか苦手だし……。エヘヘ」

反省の態度はない。作業を終えた彼女のもとに、自分の失点をごまかすかのような表情で近づいてきた。彼女は怒り心頭。素早く席を立った。

これが事の顚末《てんまつ》である。

「とにかく、うちの課長は素直じゃないんですよ。わからなければ聞けばいいのに、プライドだか何だか、わけのわからない態度で……。若い女の子に教えてもらうのが、そんなにイヤなんでしょうか、中年は！」

彼女が若い女の子かどうかはさておき、理は彼女にある。聞けば、この課長氏、一カ月ほど前に総務部から異動になったそうである。総務部でもどこの部署でも、いまどきパソコンの操作くらいできなくては困る。

「いままでは、事務職の女の子に全部やらせていたんですよ。向いてる、向いてないのレベルじゃありません。ちょっと聞けば誰だってできるんですから」

ミドル世代になると、たしかに集中力も持久力も衰える。人によっては、パソコンやデジカメ、携帯電話やスマホなど新しいメカニックの理解などもつらくなる。さまざまな能力が落ちるにもかかわらず、困ったことにプライドというか、見栄だけは逆に高く、強くなる。これは問題だ。こういうタイプの人間は下の世代からもっとも嫌われる。

中間管理職にあるミドル世代にとって、下から慕われるか慕われないかは昇進にも影響する大切な要素だ。ましてや、若い世代は新しい情報の伝達者でもある。指導すべき対象でもあるが、教えを請う対象でもあることを認識すべきだろう。

時代は刻々と変化する。電子機器の技術革新はもとより、メディア、ファッション、カルチャー、風俗、あらゆる分野の変化のスピードは驚くほど速い。職種を問わず、そうしたものの理解や吸収ができなければ、ビジネスの場でも生き残ることはむずかしくなる。そんな新しい情報に対する高感度のアンテナを持ち、それを教えてくれるのが、自分よりも下の世代なのだ。

先にも紹介したファーストリテイリングの柳井正さんは、新聞のインタビューで次のように述べている。

「みんな、人にものを聞くのが苦手なんじゃないかな。見ず知らずでも、よくわかっている人に聞くことが大事だ。（中略）面と向かって聞くのは恥ずかしいし不安もある。ただ、何度も頼んで教えてくれない人なんていない。向き不向きなんてない。いろいろなものを吸収しようとする人に将来は開けている」（二〇一〇年九月四日朝日新聞）

ミドル世代だけでなく、どんな世代でも「聞き上手」「教えられ上手」は重要なポイントのようだ。素直に「知らないから教えて」ということができれば、社内の人間関係に悩んで落ち込むこともないだろう。「あんなこともわからない」と一時は笑われても、「素直で腰が低い」と評価が上がるかどうかはあなた次第、部下次第だ。

「わからないことをストレートに聞いてくる上司は、可愛げがあるんですよ」

部下に可愛げがあるといわれるのもいいではないか。ほめ言葉なのだから。

幸福を見つける「落ちこぼれ方」

人生の折り返し点の不調をどう乗り越えるか――。

なかには、そんな苦悩の出口がどうしても見つからず、いわば臨界点にまで到達している人もいる。もう「折り返せない」と。

ならば、完全にレースを棄権し、コースを離れてしまう方法もある。自分自身が壊れてしまう前に。

「あなたはがんばった。これ以上がんばったら、あなたが壊れてしまう。もう降りましょう」

そんな妻の言葉に救われた男性がいる。

「ミドルエイジ・クライシス」という本書の構想を考えているとき、友人に紹介された男性の話である。

二〇一〇年の夏、私は彼を訪れた。新潟県の越後平野のほぼ真ん中に位置する小さな町である。彼は一年ほど前、仕事を辞め、マンションも売り払って妻の生まれ故郷であるこの町に移り住んだ。

この男性のミドルエイジ・クライシスはどんなものだったのだろうか。

彼は東京の有名大学の経済学部を卒業、大学院に進み修士課程を修了し、ある世界的な電子機器メーカーに入社した。財務畑一筋、会社の資産運用を管理する部署に配属となった。当時四八歳。彼がこの会社に入ったのはバブル崩壊前の一九八七年。その二年後の八九年の末、日経平均株価は史上最高値を記録した。

そうした経済の活況を背景に、多くの企業は会社が保有する金融資産の運用に力を入れ、軒並み成果を上げていた。彼の会社も例外ではなかった。運用そのものは外部の専門会社が行なっていたとはいえ、それを管理する彼の部署の社内的評価はきわめて高かった。

だが、あのバブル崩壊。それに続く不況、さらにリーマンショックのあおりを受け、莫大な損失を計上することになってしまった。二〇〇八年のことである。当然、担当役員、直属の上司はその責任を厳しく問われた、現場責任者として彼自身もたびたび取締役会に呼ばれ、説明を求められた。「針の筵《むしろ》」である。

だが、はじめは監督責任者としてともに弁明に努めていた担当役員と上司だったが、いつしか、その責任は彼一人に背負わされるようになっていった。狡猾な役員と上司は社内の情報操作を画策し成功を収めた。社内にはまるで犯罪者のように彼を扱う空気が広まり、親しかった同僚や部下も露骨に距離を置くようになっていった。

「俺たちが汗水たらして稼いだ金を、ドブに捨てやがって」

面と向かって罵《のの し》る社員もいた。着服したのではないか、愛人がいる、ギャンブルにのめり込んだ……悪質なデマも流れた。

仕事も手につかない、好きだったゴルフもしたくない、月に二度は通っていた映画館からも足は遠のく。たまの休日も家から一歩も出なくなってしまった。

ほどなく、異常が現われる。出勤のために駅へ向かう途中、わけのわからない大きな不安と胸の痛みが彼を襲うようになったのだ。休むわけにはいかないという強い義務感に駆られ、何とか会社のある駅にたどり着く。会社が近づくと、また先ほどの症状が彼を襲ってくる。

落ち着きを取り戻そうと、会社のまわりを歩き回る。まさに夢遊病者のような状態に陥ったのである。うつ病の初期症状でもある。専門のカウンセリングを受けたが、いっこうに回復の兆しは見られなかった。もはや、限界は明らかだった。

そんなとき妻が投げかけたのが、「あなたは壊れる。もう降りましょう」という冒頭の言葉なのである。

彼はいま会社を辞めて、妻とともに、近隣の農家で収穫された新鮮な野菜を、近くにある学校や老人の介護施設に納入する小さな会社を経営している。収入はサラリーマン時代の五分の一。だが、二人の表情は幸せいっぱいだ。

「借家は敷地一二〇坪、五ＬＤＫ、畑付きで月三万円。カミさんの実家が農家なのでお米は無料。日本酒は美味しいし、すぐ近くにはいい温泉もある。クルマを一五分も走らせれば、日本海。魚は抜群、名産の豚肉もある。ドロップアウトして大正解です。あのまま会社にいたら、私は本当に取り返しのつかない行動に出ていたかもしれません。

東京では自分を敗残者のように思っていました。でも、いまは違います。東京ではサラリーマン生活のレールの先にしか幸せはないと思っていました。脱線してはいけない、いけないと、自分を追い詰めていました。でも、レールは何本もある。ここに来てわかりました。あと何十年かは、このレールをゆっくり走ります」

彼は、自分を温かく迎えてくれた義母のこんな言葉にも感謝しているという。

「いかったこての。生きてねば、だめなんだすけさ」

新潟弁で「よかったね。生きていなければいけないんだよ」という意味である。

人間は誰でも、これまで自分を支えてきた価値観に縛られている。その価値観が次第に自分を締めつけることもある。そんなときは、まずすべてをカラッポにしてみるのだ。会社とか組織とか、人間関係とか——何もかもなかったことにしてみる。

そして素っ裸の自分になって、「さて、これからどうしようか」とゼロからのスタートラインに立って考えてみる。すると、意外に前途が開けてくることがある。「殺したかったら、さあ、殺せ！」といった開き直りが大切なのだ。

だが、どうしても、もがけばもがくほど、さらに自分の体をがんじがらめにしてしまうこともある。ミドルエイジ・クライシスの沼から這《は》い上がれない人の多くは、そんな状態なのではないだろうか。それはなぜか。

自分を縛っていたロープそのものが、もはや自分の体にふさわしいものではなくなったからなのだ。では、どうするか？

そのロープを断ち切ればいいのである。自由の身になった自分が、幸せに生きられる別の場所がきっとあるはずだ。

第5章 死ぬまで「男」であり続けるために

——恋人・妻・子ども……ミドル世代の「つきあい方」

「ミドル好き女性」との恋愛という治療法

「落ち込んでいる男を、いますぐ元気にしろ」

そういう指示があったら、私は美しい女性を連れてくる。ふつうの男なら、一〇人中九人まではまずは元気になる。それでダメなら、美しい男を連れてくる。それでもダメなら、腕のいいドクターを連れてくる。女性を愛せない人間か、ひどく心身を病んでいる人間だからだ。

男にとって、女性は元気の素である。

よき妻、よき恋人、よき女友だちがいれば、男の人生は愉《たの》しい。何よりも生きる励みになる。逆にいえば、よき女性との人間関係を紡げない男の人生はつまらないし、覇気のないものになるということだ。

ミドルエイジ・クライシスの真っただ中にあって、回復のための手立てが尽きたら、女性に救いを求めるのもいい。人によっては諸般の事情で、妻ではその役目を果たせないということもある。そこで、婚外恋愛を選ぶ人もいるだろう。

「上司は最悪でした。世の中にこんなにひどい人間が生息しているのか、と思いましたね。彼女に出会わなかったら、さっさと会社を辞めていたでしょう」

一人の女性から元気をもらって、クライシスを乗り切った男の話だ。私が福岡で講演に招かれたときのこと。久しぶりの福岡。日帰りではもったいない。福岡といえば高級魚「アラ」である。アラを堪能しようと入った店で出会った人物がその人。カウンターで隣り合わせたので、何となく話をすることになった。

この男性はその一年前、東京本社から九州支社に異動となった。当時四七歳。

「赴任直後、上司から、もうイジメとしかいいようのない扱いを受けましてね。休みの日の早朝とか、じつにつまらない用件でも電話してくる。『昨日、君がいったことは納得できない』『俺をナメてんのか』『二度と東京に戻れなくてもいいのか』、ちょっとした言葉尻《じり》をとらえては、しつこく問い詰めてくるんです。こっちは単身赴任でがんばっているのに、もうノイローゼ状態でした」

その上司もまた、一〇年以上も前に大阪支社から転勤してきたのだという。詳細は定かではないが、何やら取引業者との不適切な関係が取り沙汰され、島流し同然に異動となったらしい。戻れる可能性はほとんどゼロ。あと一年で東京に戻る彼への嫉妬が、その上司をイジメに駆り立てているらしい。

そんな上司との関係に疲れ切った彼の前に、ある女性が現われた。憂さ晴らしで入ったスナックで働いていた二四歳の女性である。昼間は大学院でコンピュータ工学を学ぶ。娘ほども年が離れていたが、ほどなく深い関係になった。彼女は同世代の男性にはまったく興味がない。ミドル世代しか恋愛の対象として考えられないタイプだったらしい。「ミドル好き女性」である。

いま、巷《ちまた》には同世代男性とのウェットな関係よりも、クールな恋愛を求める若い女性が多いようだ。おおむね、かなり年上の男性が対象になる。

彼女との関係が始まって、彼の生活は一変。上司のイジメも「柳に風」と軽くかわすことができるようになったという。妻と別れる意思がないことは伝えてあるし、彼女もむしろ歓迎している。「結婚などに縛られたくない」ということらしい。

「単身赴任ですから、家へ帰ってまで上司のことを考えるのはやめようと思っても、つい考えてしまう。ところが、彼女と知り合ってからは、勤務時間が終われば頭は完全に別モード。そうこうするうちに、気がつくとノイローゼ状態は消えていました。それに、カミさんには申し訳ないんですが、久しぶりに女性から好かれていると実感できて、ホント元気になるんですよ」

・決して妻の悪口はいわないこと
・デートの場所は、若い人が行けないようなバーやレストラン、料理屋
・お互いの部屋には行かない
・家族の話はしない
・別れるときはスマートに

これが、結婚を選択肢に入れない「ミドル好き女性」との婚外恋愛の基本のようである。

つまり、生活感を排除した期間限定の関係であることを、つねに、さりげなくアピールすることなのだそうだ。「割り切った関係」を求めるのは、いまや男も女も同じようである。誰にでもおすすめできるとは思えないが、こんな女性との出会いが、ミドルエイジ・クライシスを乗り越える一つの方法でもあることは間違いない。

どれくらい遊んだか、どれくらい失敗したか

「いま一人で箱根に来ています。私の住む西麻布の街路樹とは違い、もう色づきはじめた湖畔の林を歩きながら、なぜかあなたのことを思い出しました。あなたと二人で歩いていたら……と」

ある日、流れるような見事なペン字で書かれたこんな手紙が届いたら、ふつうの男なら、「惚れられたのかな」と本気にしてしまうかもしれない。

私の知り合いが、まさにそのクチだ。

年齢は五〇代前半。高校生のころ、税理士をしていた父を亡くして母一人息子一人となった。父の後を継ぎ、自身も税理士となり、税理士と事務員を一人ずつ雇いながら税理事務所を経営している。独身である。

そんな彼に手紙を送ったのは、経理事務を請け負っている会社の社長に連れて行か

れた、ある銀座のクラブのママ。私なら、そんな手紙をもらっても「商売熱心なママだな。ペン字で封書、しかも親展とはなかなか念が入っている」ですませてしまうが、彼の場合は違った。その手紙を真に受けてしまったのである。

何せ、恋愛も結婚もせず、その年まで仕事一筋で生きてきた人間である。生真面目で誠実な人柄のせいか、過当競争で新規の顧客集めがなかなかむずかしいなか、堅実な経営を続けている。私は、大学の後輩という親近感も手伝って、中小経営者の実態や経済全体の話などを聞くために、何度か食事をしたことがある。

「どうも、うまくいかないんです」

思い詰めたように相談してきた。聞けば、手紙をもらって以来、何度もその店を訪れたのだが「ママがとくに親しそうなそぶりでもない」というのだ。「ああ、手紙作戦に引っかかったな」と私は思った。

「そりゃ、商売だよ。絶対に本気にしちゃダメだ」

かわいそうだとは思ったが、彼のためを思ってきつくたしなめた。

はばかりながら、私は夜の盛り場での授業料はふんだんに払ってきた。生き馬の目を抜くような激しい競争社会である銀座。そこで生きていくために、女性たちは必死だ。あの手この手と策を練って、客をつかもうとする。場末のキャッチバーではないから、やらずぼったくりのような手段は使わないが、そこは巧妙に考える。ときには思わせぶりな戦略も編み出すというわけだ。

真相はおそらくこうだろう。年に何回か、季節の変わり目くらいに、そのママは文章のうまい代書人にこのような思わせぶりな手紙をペン字で書いてもらう。内容は同じで、何十通、いや何百通かもしれない。しかも、こんな手紙を会社の個人宛に送っているのだ。

銀座のクラブは、ママだけでなくホステスでも戦いなのだ。あるホステスは何人もの上客に同じ高級ブランドバッグをプレゼントさせ、一つだけは毎日持ち歩き、残りは誰かに定価よりも安く売るか、質入れして現金化するケースもある。同伴出勤やら、店が終わったあとでのアフターの際には、贈り主に「これ、大事に使っているわ」と愛の証しとばかりにアピール。こんなことはごく当然のことだ。

客も「あわよくば」とは思いつつも、それが不首尾に終わったからといって失恋したとは思っていない。それを承知で恋愛ごっこをして楽しむのが遊びのルールともいえる。

もちろん、本当に恋が芽生えて恋人同士になるケースもあるにはある。だが、どう考えても、先の税理士の彼の場合は、それには該当しそうもない。

要は、深い男女関係の経験が乏しいために免疫がないのだ。営業用の手紙で、一瞬にしてのぼせ上がっただけ。このママに罪はない。商売だからだ。彼には、それがわからない。ひと言でいって、もっと遊んでおけばこんなことはなかっただろう。

並の男なら誰でも通過するような恋愛経験が、彼にはなかったのだ。恋愛の成功数は失敗の数に比例する。恋愛を野球にたとえれば、彼の場合、バッターボックスに立った回数が著しく少なかったのである。

何度も何度もバッターボックスに入っていれば、投手の投げるボールのスピード、変化球、ときには頭や体を狙ったブラッシュボールなど、球質や配球も読めるようになる。何度も打ち損じていれば、ボールには手を出さず好球必打の技術も身につくものだ。

五〇代で、いくらか遅きに失した感はあるが、これからでも遅くはない。この三振を糧《かて》にして、がんばってもらいたいものである。経験を積めば、恋愛というゲームにおいて、ホームランバッターは無理でも、振り逃げで出塁するくらいの曲者《くせもの》バッターにはなれるかもしれない。

曲者バッターになれれば、失恋もそんなに大きな落ち込みにはならないはずだ。

「婚外恋愛はアウェイ」が鉄則

私のオフィスは東京・渋谷の繁華街にほど近い。出勤すれば、打ち合わせやランチなどで、ほとんど毎日といっていいほど、道玄坂《どうげんざか》付近に出かける。一〇代を中心とした若い女性に人気のファッションビル「109」もある。

ちょっと歩いていれば、最新のファッションに身を包み、きれいにメイクアップした多くの若い女性とすれ違う。なかには、タレントかモデルと思わせるような美人とすれ違うこともある。これでもかというほど短いスカートやショートパンツ、大胆に肌を露出した女性もいる。夏なんかナマアシのオンパレードだ。

じつにいい眺めである。あらぬ妄想が脳裏を過《よぎ》ることも、ないとはいえない。

どんな男性でも、妻以外の女性に心惹かれることはある。妻に対してさしたる不満があるわけではないのだが、誰にでもそんな経験はあるだろう。私も例外ではない。

「妻以外に女性としての魅力を感じたことはありません」

もし、そんなことを真顔で広言する男性がいたとしたら、よほど幸運な男か正真正銘のウソつきか、あるいは地球人の仮面を被った宇宙人だと思ったほうがいい。

私は必ずしも、婚外恋愛を積極的に推奨するつもりはないが、悪いことだと糾弾するつもりもない。

男女を問わず、結婚していようがいまいが、いくつになっても異性を好きになるのは当然のことだ。それはミドル世代にさしかかった男性でも同じこと。オスとしての耐用期間がそう長くはないとなれば、チャンスは逃したくない。

ただし、妻と別れるつもりがないのなら、婚外恋愛に関しては決めておかなければならないことがある。

もっとも重要なこと、それは社内不倫だけはしないということだ。お互いに天才的なウソつきで、役者並みの演技力があってもである。どんなに当事者が隠し通せていると思っていても、社内での関係は必ず露呈する。一度や二度のアバンチュールならいざ知らず、一定期間続くような関係はやめておいたほうがいい。バレたときの代償が大きいからだ。

人間は噂話をこよなく愛する動物である。とりわけ、男女の色恋沙汰は大好物。それも不倫となると、舌なめずりするほどである。あることないこと尾ひれが付いて、挙句の果てに仕事ができる、できないにまで話が及ぶ。

社内だけではない。取引先の人間もまた、男女のスキャンダルは大好きときている。噂を聞きつければ、打ち合わせの席や酒席でのいい肴《さかな》になる。こうなってしまうと、昇進や異動にも大きく影響する。どんなに会社の利益に貢献する働きをしていても、正当な評価はもらえなくなる。

とかく妻子持ちと年下の若い女性との社内不倫が多いが、これがこじれると女性のほうは退社、男性はリストラの対象にもなりかねない。そんなケースをいくつも知っている。

一般的にいって、日本の会社の風土は「異質」なものをはねつける傾向が強い。社内不倫はその異質さの極致といってもいい。相手の女性が魅力的なら、社内の男性の嫉妬を呼ぶし、いま一つの女性なら、ある種の軽蔑を呼ぶことになる。

いずれにせよ、社内不倫が露呈するということは、「あの二人はパンツをはいていないよ」と社内でいわれているに等しいのだ。何年にもわたって積み重ねてきたキャリアが、一瞬のうちに台無しになる。

だが、これが社外の婚外恋愛だったらどうだろう。これはまったく別物になる。

「○○さん、結構やるじゃない」

嫉妬ではなく羨望、軽蔑ではなく称賛を呼ぶ可能性も充分にある。

「英雄色を好むじゃないけれど、やっぱり仕事のできる人は違うね」

婚外恋愛はホームではなくアウェイでこそ、である。

「不倫は文化だ」と発言した芸能人もいたが、こと、一般人の既婚者ならば、社内においては「不倫は噴火だ」と覚えておいたほうがいい。火の粉を払うのは容易ではない。

もし、二人の関係がやむにやまれぬものであるならば、それはしかたがない。昇進はあきらめる。離婚、退社も覚悟する。それならば、誰も止められないだろう。

とかく仕事がマンネリになると、刺激もなくなって、「俺、このままでいいのか?」

と、内心不満を抱くようになる。そんなとき、恋愛をすればたしかに元気にはなるだろう。逃げ道かもしれないが、クライシスの時期にはそんな対処のしかたがあってもいいかもしれない。

ただし、何度もいうようだが、社内不倫はご法度である。

自分のセクシュアリティに誇りを持て

「個室付き特殊公衆浴場」、すなわち「ソープランド」の待合室で、正真正銘の父親と出くわした男性がいる。実際にあった話だ。

息子は「アッ」、父親は「ウー」。そのとき交わした言葉はこれだけだそうだ。当時、息子は四三歳、父親七三歳、まさに奇跡の出会いである。

彼の母親、つまり奇跡の出会いをした父親の妻は、八年前に他界している。いまは父親、彼、その妻、そして息子と娘の五人でともに暮らしている。彼の父親は、一流上場企業の専務を務めた人物である。

「おふくろが死んだときは、僕自身もそうでしたが、オヤジの消沈ぶりはかなりのものでした。取締役として忙しく働いてはいましたが、休みのときには夫婦二人でゴルフに行ったり、旅行をしたりして、仲睦《なかむつ》まじく暮らしていました。その後、おふくろのガンが見つかって入院、手術となったときも、毎日、病院に見舞いに行っていましたし、病状が悪化してからは、ときには簡易ベッドを借りて病院に寝泊まりし、そこから仕事に出かけたりしていましたからね」

長年連れ添った伴侶を亡くしたあと、父親は様子が一変した。それまでの、年齢の割には溌剌としていた表情が影をひそめ、急に老けこんだ。

「このままオヤジも死ぬんじゃないかと心配していたんですよ。だから、あんなところで会ったときは、正直なところ、世の中にはよく似た人がいるもんだと思ったくらいで……」

もちろん、私にはそんな経験はないが、彼は老いた父との出会いのあと、意外な気持ちになったという。

「変に聞こえるかもしれませんが、よかったと思いました。オヤジも『男』じゃないかと。家族を養うために一生懸命働き、いい夫、立派な父親として生きてきた。家族はそんなオヤジの顔しか知らない。仕事を辞めて、そのうえおふくろがいなくなったら、張り合いを失くして死んでしまうんじゃないかと思っていましたから……。それが、そうじゃない。まだまだ、現役のオスとしてがんばれている。私も男としてエールを送りたくなりましたよ」

この親子の出会い方には、いささか驚いた。そのシチュエーションについてとやかくいうつもりはないが、このエピソードを聞いて男女の性について考えた。

人は男として、女として生まれてくることはあっても、父として、母として生まれてくるわけではない。夫になり、妻になり、父になり、母になり、祖父になり、祖母になっても、それぞれが男と女を卒業するわけではないのだ。そのことは死ぬまで変わらない。

ならば、そうした根源的な本質を持っている人間の性を、全うすることを忘れてはならないのではないか。そんなふうに思えば、自分に与えられたセクシュアリティで果たすべきことは何かという問いに行きつく。

「男として」「女として」という問いに対する答えは、それぞれ人によって異なるだろう。だが、もしかすると、そういう視点に立って物事を見てみると、困難な事態に対する解決策がシンプルに見えてくることがある。

職が見つからないのは社会が悪い、出世できないのは会社が悪い、うまく人とつきあえないのは相手が悪い、仕事がうまくいかないのは課長が悪い……それは、紛れもない事実かもしれない。

だが、そこで立ち止まって、自分の置かれた状況を嘆いているばかりでは、事態の解決は見えてこない。

ミドルエイジ・クライシスもまたしかり。深い傷を負った老兵でも、敵の攻勢に怯《おび》える妻や子どもを守るために戦わなければならないこともある。

「男として、俺はこれだけはやらなければならない」

そう腹を決めて、一歩を踏み出すことも大切なのではないだろうか。

男として生きるとは何か、一度問い直してほしい。

間違ってもらいたくはないが、私は偏狭な男女差別論からこんなことをいっているのではない。自分のセクシュアリティに誇りを持ち、そして同時に相手のそれにも尊敬の念を持って臨まなければならないのは当然のことだ。

家庭にあっては、自らのセクシュアリティを保つのはもちろんだが、妻のそれをいつまでも失わせずに維持してあげるのも男の務めだ。いずれかの死が夫婦という絆《きずな》を分かつまで。

「脳梁《のうりょう》」を知れば、家庭に平和が訪れる

夫婦は「つかず離れず」がベストである。

世の中には、買い物、食事、ゴルフ、どこへ行くにも一緒という夫婦もいる。仲がいいことにケチをつけるつもりはない。だが、そんな夫婦を見ていると、意地悪なようだが、二人ともよほど友人に恵まれていないか、ただ拘束し合っているのではないかと思うこともある。私はご免こうむりたいが、本人たちが幸せなら、傍がとやかくいうことではない。

一方、知り合いに会えば必ず夫婦喧嘩の話を披露する人もいる。何十年も一緒に暮らしていて、始終、喧嘩ばかりしているのなら、別れたほうがお互いに幸せだろうに、と思うこともある。だが、現実は口でいうほど仲が悪いわけではないのだろう。夫婦喧嘩の激しさを披瀝《ひれき》するのが趣味なのかと思ってしまう。

どちらにせよ、せめて家庭では、つまらぬ波風は立てないほうがいい。これもミドル世代の知恵である。

だが、そんな「喧嘩体質」の夫婦の話を聞いていると、あることに気づく。「夫婦喧嘩は犬も食わない」のたとえどおり、じつにつまらないことがきっかけになっているのだ。その原因は次の二つ。単純なこと。

・妻の話に耳を傾けない

・妻の記憶に同意しない

ところが、単純そうに見えて、この原因にはいささか複雑な理由があるらしい。男と女では、どうやら脳の構造が違っているようなのだ。

脳科学が明らかにしつつあるのが、男女における「脳梁《のうりょう》」の違いである。人間の脳は左脳と右脳に分かれる。左脳は主として言語の認識、計算、論理的思考を司る。一方、右脳はひらめき、イメージ、想像などを司っている。左脳と右脳の間には「脳梁」という部位があって、左右の情報を伝達するそうである。

脳自体の大きさは体の大きさにほぼ比例するため、男性のほうが大きいのだが、この左脳と右脳の情報を橋渡しする脳梁だけは、女性のほうが太い。この脳梁の太さは左右の脳の情報伝達力の速さに比例する。

簡単にいえば、女性は何か感じたことを素早く言語に変えていく能力では、男性よりもはるかに優れているそうなのだ。

たとえば、夫婦で歩いているときに、隣の家の奥さんに会ったとする。挨拶を交わして別れる。夫は「隣の奥さんに会った」で終わり。ところが、妻はそれだけではすまない。

瞬時に「奥さん、ちょっと元気がなかった。顔色もすぐれなかったし、どこか悪いのかしら。それにしても、高そうなカーディガンを着ていたわ」とまで脳が働いてしまうようだ。それを聞いて夫は「そういわれてみれば、そうだな」と思うのだが、それを認めるまでにタイムラグがある。

男性の同性愛者の脳を調べてみると、平均的な男性の脳梁に比べて明らかに太かったという研究結果も出ている。そう考えてみると、「おネエ」系のタレントさんの多くは、とにかくよくしゃべる。無口な人を見たことがない。脳の構造が違っているということであれば、ボキャブラリーも豊富で表現力にも長《た》けていることに合点がいく。まさに立て板に水。コミュニケーション能力も高い。

だからといって、よくしゃべる大阪のオバちゃんの脳梁が、物静かな東京の山の手の奥様より太いかどうかはわからない。

いずれにせよ、「男性脳」と「女性脳」は構造的にも機能的にも明らかに違っているのである。

別の言い方をすれば、妻の頭のなかには伝えたい情報がたくさん詰まっているといえる。この伝えたい欲求を受け止めてあげるのが夫の役目だ。仕事に疲れて帰宅し、のんびりしたい気持ちはわからないでもないが、ここが肝心。「きちんと聞いて理解してあげなさい」とはいわない。「聞くふり」や「聞き流し」でいい。とりあえず、受け止めてあげればいいのだ。「なるほどね」「大変だったね」「疲れたでしょ」……ときどき、こんなフォローがあれば完璧だ。

記憶力においても同じ。

「七年前のお正月に私が作ったお雑煮を、あなた、一口だけ食べて、そのあと自分でトースト焼いてブルーベリージャムつけて食べたでしょ。悲しかったわ」

夫にとっては、何のことかわからない。まったく記憶にない。どこの星の話かと思う。だが、ここで反論などはもってのほか。「そうだったかな。悪かった」とだけいえばいい。知らない誰かの罪を被《かぶ》る気概が求められる。

ちなみに、この女性の能力は探し物でも遺憾なく発揮される。冷蔵庫の探し物だ。

「この前もらったカラスミ食べたのか」

どう探しても夫は見つけられない。

「バターケースの後ろ、海苔《のり》の佃煮《つくだに》のビンの左にあるでしょう」

そういいながら、冷蔵庫のそばにやってきて一秒で夫の探し物を手渡す。夫から見れば、妻はマジシャンである。これも女性の「脳梁パワー」なのだそうだ。

そんな冷蔵庫探索のとき、夫は間違っても「このチャーシュー、古いんじゃないのか、捨てたら」などと、余分なひと言はいわないほうがいい。それこそ喧嘩の原因にもなりかねないからだ。

どんなに長く連れ添ってきた夫婦であっても、「話せばわかる」は万能ではない。「話すと喧嘩になる」こともある。

そんなとき「脳梁、脳梁」と唱えていれば、つまらない夫婦喧嘩は九割方なくなるはずだ。夫婦円満には最高の念仏である。

一〇〇点満点の妻では「胃がモタレる」

あるグルメライターがいる。いわゆる覆面ライターだ。

一般客を装って潜入取材する。ミシュランで紹介された店はもちろん、人気の店、繁盛している店、一部にしか知られていないが高い評価を得ている店などを食べ歩く。店選びは、依頼する雑誌の設定したテーマによって変わる。あらかじめ取材のアポイントメントをとったり、名刺を差し出して素性を明かしたりはしない。それが覆面ライターのやり方。

ライターの彼は三九歳。長身、彫りの深い顔。ハリウッド男優のジョージ・クルーニーによく似ている。女性にはかなりモテる。結婚はしているが、婚外恋愛にも精力的に挑戦する。

「価格から考えて、一〇〇点満点なら当然、完食。可能なかぎりの賛辞を送って、また食べに行く。七五点以上なら、完食するが、疑問点や改善点を伝えてまた食べに行く。六〇点から七四点なら、気に入らないものは残して、よほどのことがないかぎり二度と行かない。五九点以下なら、一口食べてそれっきり。あとは論外」

この採点法と食べ方の流儀、なかなか面白い。ふつうの人間なら、腹が減っていれば五九点以下でも完食する。グルメライターは仕事だから、場合によっては一日に何食も食べなければならない。それでは体が持たない。まずい料理は一口食べて、わずか三行の記事ということにもなる。

「私、女性とのつきあい方もこれと同じです」

何をいっているのか、おわかりだろうか。

- 一〇〇点満点の女性→飽きるまで何度でもつきあう
- 七五点以上の女性→ちょっと不満は残るが何回かつきあう
- 六〇点〜七四点の女性→一度かぎりのつきあい
- 五九点以下→つきあわない

婚外恋愛における彼の女性の選び方、つきあい方の流儀である。

女性に対してはなかなか厳しい採点にも思えるが、モテる男だけに婚外恋愛の相手には困っていないようだ。

「ただし、私は結婚をちらつかせて女性を口説くことはしません。女性がすべて結婚を第一に考えていると思うのは間違いです。ラブアフェアと割り切って、楽しみたい女性もたくさんいます。ミドル世代の男性も、積極的に婚外恋愛を楽しめばいいんですよ。人によっては怒りそうですが、納得ずくならかまわない」

婚外恋愛では既婚者であること、離婚はしないということを宣言してのアプローチだという。覆面を被るのはグルメライターとしての仕事のときだけのようである。

「ところで、奥さんは一〇〇点満点なわけ？」

意地悪な質問をしてみた。

「つきあっていたときは、そうでしたがね」

ニヤリと笑って答えた。そして続けた。

「私には胃袋が二つあるんです。結婚は『別腹』です。ハハハ」

「それで、奥さん、いまは何点？」

ねたむわけでもないが、このモテ男をいじめてみたくなった。

「私の心は一〇〇点満点といっていますが、私の体は七五点といっています」

さすがにモテる男は、ウイットに富んでいる。

「一流レストランの一〇〇点満点の料理でも、毎日食べていたら飽きてくる。どんな夫婦でも妻が六〇点以上なら合格だと思いますよ。取材で行くレストランと違って、家庭は一口食べてもう行かないという場所じゃない。六〇点以上なら上出来。毎日のことだから、それ以上だと胃がモタレます。四の五のいわずに添い遂げるべきでしょう。彼女にとっても私の点数は同じようなものだと思いますよ。長続きする夫婦はそんなもんでしょう」

多くの女性とつきあってきただけに、なかなかいいことをいう。うまくいく夫婦はお互いの評価が同じ点数というのがいいようだ。

今度生まれてくるときは、二つの胃袋を持つ男もいいかもしれない。

「親の背中」だけでは教えられない

「最近、空手を始めました」

何年ぶりかで会った医学書専門の出版社に勤める知人が、意外なことをいった。空手など似合わない男である。身長は一六〇センチちょっと。体重はもしかすると五〇キロないかもしれない。慢性の下痢に悩まされ、いつも青白い顔をしている。だが、酒とタバコは人並み以上だ。

仕事でつきあいのある大学病院のドクターに、虚弱体質と不健康な生活を改めるよういわれたのがきっかけかと思った。

「いえ、ただ喧嘩が強くなりたいと思っただけです」

四九歳の彼には大学生と高校生の息子がいたはずだ。息子の家庭内暴力対策かと思ったが、頭脳明晰《めいせき》、品行方正な息子のはず。

動機は、とんでもないことにあった。帰宅途中の電車のなかでの出来事が、彼に空手入門を決意させたのだ。

彼が乗った車両に二組の若いカップルがいた。四人ともいくらか酒が入っている。男子学生は女性連れのせいか、上機嫌。他愛もないことをいい合っては大笑いしていた。うるさいこと、このうえない。仕事で疲れた体で家路を急ぐ多くの乗客にとっては迷惑千万である。彼もまたそう感じていた。

だが、男子学生の行動はさらにエスカレート。ドアを叩いたり、つり革につかまって懸垂《けんすい》するにいたった。誰もたしなめることはしない。わが知人の堪忍袋の緒が切れた。

「まわりに迷惑だよ。いい加減にしなさい」

「何だ、オッサン、やるのか」

乗客の誰も助けてはくれなかった。売り言葉に買い言葉。次の駅で降りた知人はボコボコにされてしまったのである。トラブルに気づいた駅員の通報で駆けつけた警官によって、男子学生は連行されたらしいが、とき、すでに遅し。知人の前歯は二本折れ、唇にかなりの裂傷を負った。

彼は傷も癒えたその三カ月後、空手道場の門を叩いた。

「最近、モラルが低下しているとは思いませんか。とくに若いヤツら。黙っていていいのか? いや、よくない。でも、注意するのも命がけ。それで空手を始めたんです」

彼が憤慨するように、若い世代にかぎらず、モラルの低下は目を覆うばかりだ。それと同時に、正面からそれをたしなめる人間も少なくなってきた。簡単に「キレて」暴力に訴える輩が多くなってきている昨今では、わからないでもない。「問答無用」の風潮は嘆かわしい。

この傾向は、家庭にも蔓延《まんえん》しているのではないだろうか。

自由放任の名のもと、子どもの言動がちょっとおかしいと思っても、見て見ぬふりをする親も多くなっている。それが、結果として社会的マナーの欠如した人間の増加に結びついている。

電車のなかだけでも、ずいぶんと見かける。お年寄りや妊婦が立っているというのに、優先席でふんぞり返っている、携帯電話で相手と大声で話し込む、バッグから手鏡を取り出し、人目もはばからずメイクする、スカートなのに両足を広げて座り、イヤフォンから漏れる音楽もお構いなし……そんな若者が多すぎないだろうか。

いま、一〇代後半から二〇代後半の子どもを持つのは、まさに四〇代、五〇代のミドル世代である。街で顔を背けたくなるような振る舞いをしているのは、もしかすると自分の子どもかもしれないのだ。自信を喪失しているのか、無責任なのか、その理由はわからないが、そんな手合いには、正面から叱ることが必要なはずである。

「ウザい」「キモい」という言葉が返ってくるかもしれない。だが、それを教えるのが大人の義務というもの。「何をいちいち」という反論も聞こえてきそうだが、「いちいち」を必要としているのが、ミドル世代ジュニアなのだ。核家族化、地域の人間関係の希薄化などによって、ミドル世代やそれ以前の世代が伝えた「世間」がいまはない。

子どもは「親の背中を見て育つ」という。だが、ときに「正面」を見せて教えなければならないこともある。

もちろん、若い世代にかぎったことではない。「世間知らず」の中高年が増殖していることも事実。心しておきたいものだ。空手どころか、刃物を持たないと注意できない世の中では悲しい。

女性が向き合うミドルエイジ・クライシス

ミドルエイジ・クライシスは男性ばかりのものではない。女性のクライシスも、男性同様に人生半ばを迎えて、今後どう生きていくかが問題なのだが、男性とは少し違う悩みもあるようだ。

そのキーワードとなるのが、「アラフォー」である。

『満足できない女たち　アラフォーは何を求めているのか』（ＰＨＰ研究所）の著者・田中亜紀子《たなかあきこ》さんは、三〇代にシングルライフをしていた自分が、四〇歳直前でクライシスに陥ったときのことを、こう述べている。

「それまではまったく興味がなかった子どもを産まなかった後悔がひどく、古代からとめどなく続いてきた命のリレーを止めてしまう自分が、生き物として意味のない存在に思えた。人生後半、一体どう生きたらいいのか？　まったくわからない迷路にはまり込んだ」

厚生労働省の人口動態統計で、一九八五年と二〇〇五年を比較すると、三五～三九歳で出産する人は一・六倍、四〇～四四歳で出産する人は二・四倍と増えている。四〇代の出産が増えているとはいえ、年齢が上がるにつれ妊娠しにくくなるのも、体に負担がかかるのも事実。

四〇歳という年齢は、女性にとって子どもを産むか産まないかの選択を迫られる時期なのだ。

子どもが欲しいと思っても、女性一人ではままならない。独身女性なら、出産と同時に結婚についても真剣に考えなくてはならない。当然のことながら、これまでのライフスタイルから大きく転換を迫られることになる。

では、すでに結婚し、子どもを産んだ女性はどうだろうか。こちらは、仕事やキャリアという問題に直面する。

いまの日本では、いったん仕事を辞めてしまうと正社員になるのはむずかしい。長いブランクがあればなおさらだ。パートやアルバイトでさえ、年齢を重ねれば重ねるほど再就職への道は険しくなっていく。社会復帰するならいましかない！　という焦燥感に駆られるのだ。

女性の多くは、仕事でキャリアを積んで自己実現を果たしたいという思いがある一方、「結婚や出産が女の幸せ」という従来の価値観も根強い。できれば、その両方を実現したいと望むものの、思い通りにすべてを手にするのはむずかしい。

キャリアを得る代わりに結婚・出産を先延ばしにしてきた、あるいは子どもを持つために仕事をあきらめた……。いずれを選んでも、その選択ははたして正しかったのか、という思いはなかなか消えないだろう。

一方は、産む性としてのタイムリミットが迫りつつあることに焦燥感を募らせる。もう一方は、社会のなかにもう一度自分の居場所を見つけられるのかという不安を抱き続ける。そんなとき、人によっては、クライシスに陥る。

本当は自分の意志で行なった選択ではなかったかもしれない。両方を手にする道がほかにあったかもしれない、という後悔にとらわれてしまうのだ。

残念なことに、一人の女性が「子どもを産む人生」と「産まない人生」を一回ずつ生きることはできない。どんな女性も、生まれたときに用意されているのはたった一枚のキャンバスだ。デッサンを始めてしまったら、失敗しても別の真っ白なキャンバスはもらえない。

だが、構図を変えたり、色を変えることはできる。そうした人生のなかで、充足感を得ることを目指さなければならない。

「結婚するものも仕合わせだし、しないものも仕合わせだ。どっちにも人間としての喜びがある」

武者小路実篤《むしやのこうじさねあつ》の『幸福者』に出てくる言葉だ。

子どもを持つのも幸せだし、持たないのも幸せだ。仕事をするのも幸せだし、しないのも幸せだ。幸せの価値は、人それぞれである。こうしなければ幸せではないという人生などない。それに気づけばいい。

妻の「感謝の言葉」は墓場で聞け！

「まったく、誰のおかげで暮らしていけると思っているのか」

私との会話の途中で、ある男が家庭での冷遇について怒りを口にした。

よく顔を出す外車ディーラーのセールスマンである。何が気に入ったのか、私のオフィスに来る。

「うちは喫茶店じゃないよ」

イヤ味な言葉を投げかけるが、まったく意に介さない。不思議とこちらもそろそろ一服と思ったころに、計ったようにチャイムを鳴らす。長年のセールスマン生活で身につけた勘なのだろうか。

人なつっこく、話も面白いので招き入れて相手をする。四八歳のセールスセクションの責任者である。妻と大学生の娘、高校生の息子がいる。

「人が夜遅くまで働いて、疲れて帰ってくるのに、仏頂面で『お疲れさま』の言葉もない。『あら、食べるもの、何もないわよ』とくる。子どもは子どもで、僕の顔を見るなり、無表情で自分の部屋に行く。そのくせ、懐《ふところ》が寂しくなると露骨に笑顔を見せてすり寄ってくる。人を何だと思っているのか……」

わからなくはないが、私は同意などしない。

「あなたは家族に何を期待しているの。女房や子どもなんてそんなものだよ。外で金を稼いできて、家族を養うのは義務なんだから、感謝の言葉を望むほうがおかしい。それに、あなたの奥さんも働いてるんだろ。だったら甘い、甘い」

男の人生とは、そういうものなのである。働いて稼いでくれたから、家族を養ってくれたから、学校に行かせてくれたから……そんな理由で感謝されたいという根性がダメなのである。しょせん男は損な役回り。周囲を幸せにするのが男の役目と心得るしかないのだ。そもそも、好きで結婚し、好きで子どもをつくり、好きで学校に行かせている。

それなのに、家族から感謝の言葉を期待するなら、結婚などしないことだ。

損得で考えてみよう。そもそも、妻が専業主婦の道を選べば、一人分の稼ぎで二人が暮らしていかなければならない。生活のレベルは半分に下がる。子どもが生まれれば当然、出費がかさみ、さらにレベルは下がる。それを百も承知で自分が選んだのではないか。

それは、自分一人の生活よりも、家族と一緒にいる生活で得られるものが多いと思ったからだろう。セックスをしたい、独占欲を満足させたい、炊事、洗濯、掃除など家事全般から解放されたい、自分の子どもを持ちたいなど、結婚することによって自分の幸福の量が増えると考えたからである。

「結婚とは、男の権利を半分にして義務を二倍にすることである」

ドイツの哲学者ショウペンハウエルの言葉だ。だが、損をしているのは、本当に男だけだろうか。

妻は妻で、自分以外の人間の身の回りの世話をして家庭を守ることは、好きな趣味の延長ではなく仕事である。そうした仕事をこなすことによって得られる幸福を選んだのである。

「私、お洗濯が大好きで」とか「お料理を作っているときが本当に幸せ」という主婦がいる。だが、そのほとんどは「テニスが好き」とか「ダンスが好き」といった趣味に対する「好き」とはまったく違う。それは、自分に課せられた義務のなかでも「比較的嫌いではない」という意味にしかすぎない。その証拠に、隣の家の炊事や洗濯を買って出る主婦など見たことがない。

専業主婦の家庭の場合、夫は外で稼ぐことを義務とし、妻は家庭を守ることを義務としている。つまりは役割分担がその結婚生活の契約である。どちらが得でどちらが損か、どちらが楽でどちらが大変かなどの比較はできないし、比較しても答えは出ないのである。ましてや、先のセールスマン氏のように共働きということになれば、俄《が》然《ぜん》、夫の旗色は悪い。

これが結婚生活の仕組みである。それを承知していてもなお、感謝やねぎらいの言葉を期待するのはわかるが、男子たるもの、自らそれを求めてはいけない。

「その健やかなるときも、病めるときも、喜びのときも、悲しみのときも、富めるときも、貧しいときも、これを愛し、これを敬い、これを慰め、これを助け、その命あるかぎり、真心を尽くすことを誓いますか」

教会の結婚式での宣誓の問いかけである。だが、現実は「貧しいときも」のあとに「冷淡なときも」が、「真心を尽くす」のあとに「耐える」が隠されていると思ったほうがいい。そう思えば我慢もできるだろう。結婚生活とはそういうものだ。

だが、安心してほしい。あなたの妻もあなたのいないときに、いないところでは感謝の言葉を間違いなく口にしているはずだ。とりわけ、あなたが永遠の不在者になったときには……。それだけでいいではないか。

「子どもに財産」など考えなくていい

ある自治体に勤めていたが、選挙による首長の交代で、収入が大幅に減ってしまった知り合いがいる。

想定していた退職金も、このままでは七割くらいに減る見込みなのだという。五五歳。二人の子どもはすでに独立し、大邸宅とはいわないまでも父親から相続した地所に建てた立派な家もある。住宅ローンは退職金で払い終わるし、それを差し引いてもいくらか手元に残る。

この彼が、あろうことか競馬にハマッてしまったのである。その理由を聞いて驚いた。開いた口が塞がらなかったといってもいい。

「このままでは、子どもにまとまった財産を残せない」

にわかに信じられない話なのだが、事実である。低金利時代に大きく増やす術《すべ》はギャンブルしかないと考えたのだろうか。

「およしなさい。競馬は遊びだよ。儲けようなんて思っちゃダメだ。それに子どもに財産を残すなんて考える必要ないでしょう」

私も競馬はときどきやるが、金儲けの手段などと露ほどにも考えたことはない。競馬界ではプロフェッショナルである専門紙やスポーツ紙の競馬記者でも、的中率は驚くほど低い。それは同じ新聞の日曜日の予想と月曜日の結果を照らし合わせてみれば一目瞭然だ。あるトップジョッキーが「僕は競馬評論家でお金持ちを一人も知りません」といっていたことでもわかる。

トータルすれば私も馬券では損をしている。だが遊びなのだから、お金がかかるのは当たり前。ゴルフだってプレー代など費用がかかる。そう思えば、楽しんだのだから出費は当然である。

競馬の話はさておき、私が同意できないのは「子どもに財産を残さなければ」という発想である。私は彼の世代よりはずいぶんと上の世代だが、子どもに財産を残そうなどと思ったことがない。

私には二人の子どもがいるが、それぞれに家庭を持ち独立している。私と妻は子どもと一緒に住もうと考えたことは一度もなかった。子どもは独立したら家から出ていくものと決めていたからだ。大学卒業までは面倒を見るが、そのあとはご自由に、である。子どもには子どもの人生がある。親がとやかくいうことではない。

その代わり、自分たちが年をとっても、面倒を見てくれとはいわない覚悟はできている。

欧米社会では、結婚していようがいまいが、成人した子どもが親と一緒に暮らすのは少数派だ。ところが、日本人は総じて親離れ、子離れがどうも苦手のようである。

私は自分の子どもや孫が嫌いなわけではない。愛しいと思っている。だが、そのことと、一緒に住むとか財産を残すということは別問題だ。働けるだけ働き、お金を稼ぎ、そのお金で私自身、そして妻が子どもに依存せずに楽しく暮らすことを第一に考えているだけ。当然、子どもに「親孝行」も強要しない。

『塀の中の懲りない面々』で知られる作家の安部譲二《あべじょうじ》さんは、若いころ単なる「ヤンチャ」ではくくれない生き方をした人だ。懲りずに何度か塀の中で暮らすこととなったが、面会に来た年老いた母親の姿に心を痛め、生き方を改めた。

その安部さんが、親孝行について「親孝行は三歳までにすんでいる」という意味のことを書いている。つまり、三歳までのとてつもなく可愛い姿を味わわせただけで充分だという理屈である。

若いころから親不孝をしてきたことに負い目を覚える安部さん一流の表現だが、間違いなく親子の情の本質をとらえていると私は思う。塀の中に入ったことのある安部さんだが、私はこの人には品格があると思っている。

親は子を育てることで「親孝行をしてもらっている」のだ。子どもが独立したら、親も子もそれぞれが自分第一に自由に暮らせばいい。「孝行のお返し」や「孝行の上乗せ」など、不要と心得ておいたほうがいいのだ。

戦後の復興期、高度経済成長期に青年期、壮年期を送った世代は、真面目に働いていれば誰でもどんどん収入が増えていった。半年ごとに給料が上がる、臨時ボーナスが出ることも珍しくはなかった。定年後も結構な年金がもらえる。いま中年期を生きる世代のさらに上の世代である。

たしかにこの世代は、よほどの散財さえしなければ、子どもに財産を残すのもそうむずかしいことではなかった。だが、時代は変わった。

いま中年を生きる昭和二〇年代から三〇年代に生まれた世代は、経済的には受難の世代といっていい。その世代の多くが不動産バブルのころに高値で手に入れた家やマンションは、バブル崩壊とともにその価値が半分以下になっている。住宅ローンが残っているうえにリーマンショックが追い打ちをかけ、収入が激減した。年金事情も雲行きが怪しくなり、子どもに財産を残すどころか夫婦二人が死ぬまで食べていくだけで精いっぱい。自分の「親父のように」生きることはできないのである。

経済事情から考えても、これからは親は親、子どもは子どもと割り切るべきだ。私はそう思う。

ライフスタイルの面から考えても同様だ。リタイアしたあとの人生も長い。幸いにして、それ以上の余裕があったとしても、子どもに残すことなど考える必要はない。ときには夫婦二人で豪華な旅行をする、欲しいものを買う、あるいは美味しいものを食べるために、自分のお金は使えばいいのだ。

もちろん、子どもに財産を残さないように生きろとはいわない。無理に散財する必要もないだろう。

だが、日ごろは不在の子どものために、食糧庫に食糧を備蓄するようなことはしなくていい。自分たちが美味しいディナーを食べて幸せに長生きすることが、子どもにとっての大きな幸せだと考えればいいのだ。

そんな親の姿を見て、子どもも一生懸命に働く。お金を残すよりは、お金の稼ぎ方、使い方を教えることのほうが役に立つ。

生きているうちに食べ切れなかったディナーについては、「もし、よかったらどうぞ」と子どもに残せばいい。

本書は、２０１１年２月、小社から単行本で刊行された『「自分の人生、これでいいのか」と思ったとき　ミッドライフ・クライシスを乗り越える』を改題、加筆・修正して文庫化したものです。

45歳からやり直す最高の人生

一〇〇字書評

切り取り線

購買動機（新聞、雑誌名を記入するか、あるいは○をつけてください）	
□（　　　　　　　　　　　　）の広告を見て	
□（　　　　　　　　　　　　）の書評を見て	
□ 知人のすすめで	□ タイトルに惹かれて
□ カバーがよかったから	□ 内容が面白そうだから
□ 好きな作家だから	□ 好きな分野の本だから

●最近、最も感銘を受けた作品名をお書きください

●あなたのお好きな作家名をお書きください

●その他、ご要望がありましたらお書きください

住所	〒				
氏名		職業		年齢	
新刊情報等のパソコンメール配信を 希望する・しない		Eメール	※携帯には配信できません		

あなたにお願い

この本の感想を、編集部までお寄せいただけたらありがたく存じます。今後の企画の参考にさせていただきます。Eメールでも結構です。

いただいた「一〇〇字書評」は、新聞・雑誌等に紹介させていただくことがあります。その場合はお礼として特製図書カードを差し上げます。

前ページの原稿用紙に書評をお書きの上、切り取り、左記までお送り下さい。宛先の住所は不要です。

なお、ご記入いただいたお名前、ご住所等は、書評紹介の事前了解、謝礼のお届けのためだけに利用し、そのほかの目的のために利用することはありません。

〒一〇一-八七〇一
祥伝社黄金文庫編集長　吉田浩行
☎〇三（三二六五）二〇八四
ohgon@shodensha.co.jp

祥伝社ホームページの「ブックレビュー」からも、書けるようになりました。

http://www.shodensha.co.jp/bookreview/

祥伝社黄金文庫

ミドル世代《せだい》の危機《きき》を乗《の》り越《こ》える！
45歳《さい》からやり直《なお》す最高《さいこう》の人生《じんせい》

平成25年2月20日　初版第1刷発行

著　者　川北義則《かわきたよしのり》
発行者　竹内和芳
発行所　祥伝社《しょうでんしゃ》

〒101－8701
東京都千代田区神田神保町3－3
電話　03（3265）2084（編集部）
電話　03（3265）2081（販売部）
電話　03（3265）3622（業務部）
http://www.shodensha.co.jp/

印刷所　堀内印刷
製本所　ナショナル製本

　ISBN978-4-396-31599-3 C0195

祥伝社黄金文庫

石井裕之
ダメな自分を救う本
潜在意識とは、あなたの「もうひとつの心」。それを自分の味方につければ……人生は思い通りに！

石原　明
イヤな客には売るな！
儲かっている会社は、お客様を「選別」しています。〝石原式4サイクル販売戦略〟とは？

上田武司
プロ野球スカウトが教える一流になる選手　消える選手
一流の素質を持って入団しても、明暗が分かれるのはなぜか？　伝説のスカウトが熱き想いと経験を語った。

斎藤茂太
いくつになっても「輝いている人」の共通点
今日からできる、ちょっとした工夫と技術。健康・快食快眠・笑顔・ボケ知らずを目指せ！

向谷匡史
「いっしょに仕事をしたい」と思わせる人の55のルール
「あの人はいいね！」と言わせる心理戦術、自己演出、好感をもたれる言葉遣いから態度まで、具体例でわかりやすく伝授！

漆田公一＆デューク東郷研究所
ゴルゴ13の仕事術
商談、経費、接待、時間、資格——危機感と志を持つビジネスマンなら、ゴルゴの「最強の仕事術」に学べ！